규선 황종현 김성부 김연식 김진태 황해대 김종우 박두홍 최규홍 김영진 김종우 김창일 배기면 오기헌 윤
범 이영환 이차만 이회택 최규홍 최재모 조성근 김철수 박영태 김동범 나영채 김인권 유건수 오승진 최종
전인석 조광래 전차식 김형남 한병호 최순호 최창수 김경호 김재만 권홍기 김만수 박기형 박철웅 서지원
상근 안준원 이현철 임용주 정기동 김준석 권형옥 김현국 안병태 이길용 김상돈 김희철 유순열 조다기 최상
호세 세르지오 김동해 김성기 박철진 백치수 이계원 이관호 임휘규 전광운 전석천 최수남 성호경 최평율
영훈 박상곤 유철용 전승규 피은형 김민환 김호영 박석호 이정호 한득환 홍옥천 박무홍 박만진 김용한 박
원 이한우 서안국 조성학 김민구 심규선 이화열 이종하 송성철 김병지 김상훈 정성훈 신성환 이기근 윤성
박철우 드라간 나승화 고병운 안익수 금문배 박기홍 마말리 박영섭 코놀 전경준 이영상 노태경 김동기 장
호 서효원 박태하 황선홍 장영훈 홍명보 박지호 강상협 이승협 홍도표 조종화 김명곤 우홍균 김후석 박순배
이섭 이석경 김기동 조정현 김한윤 이대희 정종선 이민성 정재권 하석주 우성용 김태근 김상호 최윤열 미하
자심 권세진 오명관 함상헌 노주섭 김은중

THE 50: FROM DREAMERS TO ACHIEVERS

승안 싼더 김진형 라데 시모 이명열 이원철
근재 조진호 안성일 김학철 차상광 고종운 차상해 권형정 김인섭 박상인 박창현 배창근 실반 유동관 이유
최문식 최상훈 히카르도 오승인 김종부 류영록 김일진 유병옥 김경호 조긍연 이계원 김성부 이흥실 구상
최강희 최순호 이레마 투무 백승철 정상남 이동국 이승엽 이규칠 이싸빅 김기남 김홍운 왕선재 장재학 강
식 김형남 김만수 김완수 김익형 김철수 김철명 김부만 남기영 루이스 메조이 박경훈 박성화 백남수 박철
박기형 백치수 브라운 베하 세자르 샤흐트 서지원 손형선 아가시코프 이상기 이태형 임용주 월신요 안준
윤덕여 조병득 제제 정원서 정기동 전차식 조태천 최창수 한태진 최경식 플라비오 최덕주 한상건 허태식
샤 한재식 쿤티치 김창효 신상근 황영우 홍석민 이재일 박민서 이기부 오승범 김한욱 조준호 김세인 정재
김종천 신종혁 김은석 박형주 오인환 이현동 이정국 둘카 율리안 정대훈 최철우 하용우 이순행 최태욱 샤
허제정 박동수 김현호 김수진 김성근 파비안 조시마 김영호 박현순 남궁도 박성호 박경환 이창원 강용 코
죠다쉬 김상록 이정운 최종범 윤보영 햐인무 정용대 나희근 조성환 권정혁 백영철 보야델 엘라 조징요 남
경 김석우 이동식 김광석 김홍철 노병준 메도 레오 윤원일 이진호 황진성 안선진 차철호 이세준 오범석 박
재 이수환 송동진 임경훈 정성룡 까시아노 이따마르 산토스 남영훈 이공재 호세 고메즈 문민귀 황지수 황
원 김명진 신화용 까를로스 김진용 최재수 모따 김태수 고건우 따바레즈 김재성 양동현 다실바 김현기 이
재 고슬기 김명중 최효진 웰링턴 정홍연 최현연 박희철 엔리끼 온병훈 김시운 김수연 프론티니 이성재 신광
안태은 이태영 조홍규 슈바 이재원 데닐손 마우리시오 이승렬 알미르 김지민 강수일 김선우 스테보 김형일
라질리아 슈벵크 조네스 알도 파비아노 유창현 신형민 조한범 송창호 김창훈 임상협 조찬호 송제헌 황진
강지용 맹진오 김대호 류원우 이슬기 바그너 오까야마 알 산드로 설기현 황교충 정석민 정정석 김다솔 이
동 김원일 김대호 이승희 김시훈 남준재 줄루 아사모아 강종구 안일주 신진호 김동희 신영준 유준수 최용
최영준 김호남 고무열 박선용 심동운 조민우 김동기 배슬기 조란 윤준성 지쿠 이명주 김찬희 이광훈 문창
김지민 배천석 이진석 김승대 박선주 김주원 김드형 이석현 윤평국 조수철 오도현 이후권 정재용 김인성
준희 손준호 강상우 유제호 이광혁 길영태 김진영 강현무 심상민 노동건 김용환 김상원 권완규 서보민 송
딘 블라단 김성주 전민광 김종우 모리츠 이준희 오창현 이남규 최호주 티아고 라자르 김민혁 안세희 완델
허용준 황인재 김동현 정원진 김종석 이태준 정재희 룰리냐 알리 무랄랴 김현솔 국태정 이승모 마쿠스 이
일 하창래 채프만 장철용 이상기 이명건 백성동 러 오가말류 이광준 이근호 양태렬 박성우 송민규 알레망 제
르손 권기표 박건 이진현 떼이세이라 데야비드 민경현 하승운 이준 이도현 박재우 조성훈 이수빈 팔로시오
일류첸코 팔로세비치 김진현 김주환 박재훈 고영준 오닐 노지훈 이지용 박찬용 그랜트 안해성 이호재 노
호 이석규 김윤성 김준호 크베시치 타쉬 박승욱 조재훈 박건우 윤민호 이승환 모세스 제카 윤재운 오버르단

CONTENTS

PROLOGUE
THE 50, 그리고 더 50   8

CHAPTER 1
THE ORIGIN OF STEELERS
스틸러스의 시작(1973~1982)   10

인터뷰: 이회택   18

CHAPTER 2
FORGED TO WIN
승리를 단련하는 팀(1983~1989)   20

인터뷰: 최순호   28

CHAPTER 3
STARRY NIGHT, STARLIT FIELD
별이 빛나는 밤, 별이 빛나는 구장(1990~1999)   30

인터뷰: 박태하   40

CHAPTER 4
THE STEELERS WAY
스틸러스 웨이(2000~2009)   42
인터뷰: 세르지오 파리아스   52

CHAPTER 5
STEEL SHARPENS STEEL
철이 철을 날카롭게 하다(2010~2019)   54
인터뷰Ⅰ: 황선홍   64
인터뷰Ⅱ: 김승대 X 신광훈   66

CHAPTER 6
UNBREAKABLE SPIRIT, UNSTOPPABLE TEAM
멈추지 않는 불굴의 팀(2020~)   70
인터뷰Ⅰ: 김기동   78
인터뷰Ⅱ: 이종하   82

SPECIAL HISTORY
STEELERS KIT HISTORY   124
STEELERS IN NUMBERS   126
STEELERS CHRONICLE   128

CHAPTER 7
WRITING THE FUTURE WITH OUR YOUTH
그리고, 더 50   130
인터뷰: 황진성   140

CHAPTER 8
THE DREAMER
청암의 꿈   142

EPILOGUE
일상과 세겨를 잇는다   152

PROLOGUE
THE 50, 그리고 더 50

아주 개인적인 이야기가 될 것 같습니다.
지난 5월 2일 K리그 '명예의 전당' 헌액식에 참석했을 때 일입니다. 최순호, 홍명보, 신태용, 이동국, 김정남, 그리고 고(故) 박태준 포스코 명예회장. 헌액자로 선정된 이들이 한 명 한 명 호명될 때마다 제 일인 양 가슴이 벅차올랐습니다. 여섯 명 중 자그마치 네 명의 축구 인생이 포항스틸러스가 걸어온 길과 중첩되었기 때문입니다. 한국 축구사, 그리고 한국 프로축구사에 포항이 어떤 의미로 존재하는지 확인하는 현장이었습니다.

1973년 포항제철 실업축구단으로 출발한 포항스틸러스의 역사가 어느덧 50년에 이르렀습니다. 반세기 동안 포항스틸러스는 한국 축구의 발전을 선도해왔습니다. 1990년 국내 최초의 축구전용구장 건립을 시작으로 클럽하우스 준공(2001년), 퍼포먼스 센터 건립(2019년) 등 축구 인프라 구축에 앞장섰습니다. 2003년 선진국형 유소년 육성 시스템을 도입해 인적 자원을 확보한 것도 시대를 앞서가는 일이었습니다. 이를 기반으로 수많은 영광의 기억들을 만들었습니다. K리그 우승 5회, FA컵 우승 4회, AFC챔피언스리그(아시아클럽 챔피언십 포함) 우승 3회, 리그컵 우승 2회, FIFA 클럽월드컵 3위 등 국내 무대를 넘어 아시아와 세계 무대에서 포항 축구의 저력을 발휘해왔습니다. 축구와 함께 '축구도시 포항'이라는 이름도 널리 각인시켜왔다고 자부합니다. 이 과정에서 포항은 이회택, 최순호, 홍명보,

황선홍 등 수많은 스타들이 거쳐가는 '별들의 고향'이 되었다가, 마침내는 유스시스템에서 자란 선수들이 차례로 대표팀에 승선하는 '스타의 산실'이 되었습니다.

자원은 유한(有限)이나 창의는 무한(無限)이라 하였습니다. 포항 축구의 철학은 이러한 인재경영 이념과 맥을 같이 합니다. 2000년대 들어 '스틸러스 웨이'로 팬들이 즐거워하는 공격축구의 초석을 다졌고, 2010년대 '스틸타카'를 통해 완성도 높은 패스축구라는 정체성을 확립했습니다. 여기에 물러섬 없는 투쟁심과 속도감을 가미한 축구가 2020년대의 '기동타격대'입니다. 50년에 이른 우리 축구단의 역사는 실력과 재미, 철학으로 가득 찬 콘텐츠 그 자체라고 볼 수 있습니다.

전통의 명가를 자부하는 포항스틸러스가 창단 50주년을 맞아 매거진 <THE 50>을 내놓는 이유입니다.

<THE 50>은 국내 축구를 통틀어 50주년을 기념할 수 있는 유일한 팀이라는 것에 착안한 제목입니다. 50이라는 숫자 그 자체로 다른 미사여구보다 강력한 힘을 갖는다고 생각했습니다. 그러나 '최초'와 '최고'라는 역사에만 집착하고 싶지 않았습니다. 과거를 돌아보는 일은 앞으로 더 나아가야 할 시간의 동력으로 삼아야 합니다. 그래서 '더 50'이기도 합니다. 지나온 50년 역사에 쉼표를 찍고 다가올 50년, 그리고 그 다음 50년 이상으로 이어질 미래와 비전을 제목에 담고자 했습니다. 이 모든 이야기를 여러분과 함께 나누고 싶었습니다.

포항스틸러스의 50년을 함께 채워주신 전,현 선수들과 열한 분의 감독님, 임직원 여러분께 감사의 인사를 드립니다. 구단과 늘 함께 소통하고 교류하며 애정을 쏟아 주신 포항시와 지역사회에도 머리 숙여 인사 드립니다. 변함없는 애정으로 함께해 주시는 포스코는 저희의 또다른 힘입니다. 무엇보다 한결같은 사랑과 지지를 보내주시는 팬 여러분께 깊은 존경과 같은 사랑을 드립니다.

50년 전에도 있었고, 지금도 존재하고, 앞으로도 오래도록 이어질 포항스틸러스의 꿈 속으로 여러분을 초대합니다.

―

2023년 5월
포항스틸러스 대표이사 사장
최인석

1973 —————— 1982

CHAPTER 1

THE ORIGIN OF STEELERS

스틸러스의 시작

1970년대는 한국 축구계가 본격적으로 달리기 시작한 때로 기억된다. 그전까지 우여곡절이 심했기에 의미가 더 컸다. 전후 한국은 찢어지게 가난했다. 당장 오늘 배가 고파 내일을 준비할 여력이 없었다. 계획과 의지가 존재한들 실행에 옮길 밑천이 부족했다. 배고픈 현실 속에서 스포츠는 국민 모두 자부심을 느낄 유일한 도구였다.

1954년 한국은 일본을 제치고 스위스월드컵 출전권을 획득했다. 1966년 장충체육관에서는 김기수가 이탈리아 출신 니노 벤베누티를 꺾고 한국 역사상 첫 복싱 세계챔피언에 등극했다. 박정희 정권은 국민체육진흥법을 제정하고 태릉선수촌을 조성하는 등 스포츠를 국가 차원에서 육성하기 시작했다.

하지만 1960년대 축구는 국민적 기대에 부응하지 못했다. 1965년 한국은 잉글랜드월드컵 아시아 지역예선에 불참했다. 북한에 패하기라도 하면 큰일이라는 위기감 탓이었다. 설상가상 1966년 월드컵 본선에서 북한은 8강 신화를 썼다. '코리아'라는 인지도를 제대로 빼앗긴 한국은 부랴부랴 중앙정보부를 동원해 양지축구단을 창설했다. 월드컵과 올림픽 지역 예선 탈락이 이어졌고, 기껏 유치한 1970년 아시안컵 개최권을 준비 미비로 반납하는 수모도 겪었다. 이 시기의 축구는 앞마당에 내다 놓기가 민망한 자식 같았다.

1970년대에 접어들자 '못난 자식'이 정신 차리기 시작했다. 재무부 출신 장덕진이 대한축구협회장으로 취임하면서 금융권 축구팀 창단 러시가 이어졌다. 1970년 한국은 6월 메르데카컵에 이어 12월 방콕아시안게임까지 우승하며 효자 노릇을 했다. 대외적 호재도 있었다. 축구 황제 펠레가 소속된 산투스의 내한 친선전은 축구 열풍을 일으켰다. 장덕진 회장이 주도해 출범한 대통령배국제축구대회(속칭 박스컵)가 해마다 개최돼 축구 열기를 띄웠다. 이런 흐름 속에서 1973년 4월 한국 경제의 도약을 상징하는 포항제철이 축구단을 창단했다.

축구에 투영한 극일의지

한국 현대사에서 포항제철은 곧 경제 발전을 의미한다. 설립부터 자금 마련, 준공, 첫 출선 성공에 이르기까지 포항제철의 탄생은 드라마 그 자체였다. 1967년 박태준 대한중석 사장은 정부 지시에 따라 포항제철 지휘봉을 잡았다. 꼭 해내야 한다는 각오 외에는 아무것도 없던 상태였다. 일본에서 기술을 배워오고, 미국에서 대한국제제철차관단(KISA)을 통해 건립 자금을 빌린다는 구상이었다. 물론 쉽지 않았다. 막강한 일본 제철업계는 기술 유출에 대한 우려와 과거 피지배자였던 한국의 노력을 비웃었다. KISA의 지원금 결정 논의도 한국이 제철 사업 경험이 없다는 이유로 차일피일 미뤄졌다.

부지를 선정하고 법인까지 공식 설립한 마당에 갑자기 미국 쪽 자금이 막히는 대형사고가 발생했다. 한국의 제철 사업 성공 가능성이 낮다는 현지의 내부 보고서가 결정적이었다. 박태준 사장이 개인 자격으로 미국 워싱턴까지 날아갔지만 상황을 되돌리긴 불가능했다. 무너진 하늘을 원망하던 박태준 사장의 머릿속에서 갑자기 '솟아날 구멍'이 떠올랐다. 대일청구권 무상자금 중 남은 돈을 포항제철 건립으로 전용하는 방법이었다. 자금 숨통이 트인 제철소 건립사업은 일사천리로 진행됐다. 박태준 사장을 비롯한 창립 멤버들은 공사 현장에서 숙식을 해결하면서 사업 성공에 영혼까지 갈아 넣었다. 고된 작업 속에서도 박태준 사장은 "이 돈은 우리 선조들의 핏값이다. 공사에 성공하지 못하면 우리 모두 '우향우'해서 영일만 앞바다에 빠져 죽자"라며 직원들의 사명감을 고취했다. 1973년 6월 고로를 따라 첫 쇳물이 흐르자 모든 직원이 뜨거운 눈물을 흘리며 만세삼창을 외쳤다. 포항제철은 조업 개시 6개월 만에 1,200만 달러 흑자를 기록하는 기적까지 썼다. 미국 쪽 자금을 막았던 보고서의 작성자는 훗날 박태준 사장과 만난 자리에서 "당신이 내 보고서를 엉망으로 만들었다"라며 투덜거렸다.

포항제철 1기 공사가 한창이던 1972년, 한홍기 국가대표팀 감독은 박태준 사장의 부름을 받았다. 포항제철 축구단을 맡아달라는 요청이었다. 두 사람은 이미 대한중석 축구단에서 연을 맺은 사이였다. 대한중석 사장으로 부임한 박태준 사장은 선수들이 탄광 작업에 투입되는 현장에서 불같이 화를 냈다고 한다. 이후 축구단은 탄광 노동에서 제외돼 축구 훈련에만 전념할 수 있었다. 학창 시절부터

수영, 스키, 유도 등 다양한 스포츠를 경험한 박태준 사장의 통찰력 덕분이었다. 박태준 사장은 한홍기 감독에게 포항제철 신생팀 구성을 지시했다. 든든한 우군을 얻은 한홍기 감독은 당시 한국 축구 최고 스트라이커였던 한양대 3학년 이회택 영입에 성공했다.

1973년 4월 1일, 포항제철축구단의 공식 창단식이 거행됐다. 박태준 사장은 제철소 사업 성공뿐 아니라 축구단에도 본인의 극일 의지를 강하게 담았다. 두 가지 모두 자신에게 설움을 줬던 일본을 이기겠다는 의지가 결연했다. 대한중석 출신인 한홍기와 조윤옥이 감독과 코치를 각각 맡았다. 풍운아 이회택을 비롯해 석효길, 황종현, 최재모, 김창일, 박수일, 최상철, 이차만, 윤종범, 김창일 등 국내 실업 무대를 주름잡던 정상급 선수들이 포항제철축구단의 창단 멤버를 꾸몄다.

6월 9일 제1고로에서 첫 출선 성공에 이어 7월 3일 포항제철 준공식이 예정됐다. 박태준 사장은 준공식 행사의 일환으로 신일본제철 측에 축구단 친선 3연전을 제안했다. 준공 당일, 포항제철 축구장에서 축구단의 역사적 첫 경기가 열렸다. 포항제철 임직원 가족 4,000여 명을 포함해 3만 관중이 포항제철과 신일본제철의 축구 맞대결이 펼쳐지는 현장을

찾았다. 당시 포항시 전체 인구가 10만8,854명이었으니 시민의 3분의 1이 모인 셈이었다. 양 팀은 팽팽히 맞서며 2-2 스코어로 승부를 가리지 못했다. 이틀 뒤 서울운동장에서 2차전이 열렸다. 전반 7분 주장 박수일의 헤더가 상대 몸에 맞고 나오자 이회택이 재차 머리로 밀어 넣어 선제골을 터트렸다. 전반 15분 미드필더 김창일이 페널티킥을 성공시켜 스코어를 2-0으로 만들었다. 관중석을 메운 팬들은 환호성을 질렀다. 실업팀 간 맞대결이라고 해도 상대가 일본 팀이었기에 팬들의 극일 정서가 줄어들 일은 없었다. 경기 종료 2분을 앞두고 신일본제철의 우에다에게 1골을 내줬지만, 포항제철은 2-1 리드를 지켜 역사적 첫 승리를 신고했다. 박태준 사장은 "축구로라도 일본에 큰소리칠 수 있어 좋다"라며 크게 기뻐했다. 대구에서 열린 3차전에서도 포항제철은 다시 2-1로 승리했다. 친선 3연전에서 기록한 2승 1무 결과는 포항제철축구단이 앞으로 보여줄 활약상의 예고편이었다.

1970년대는 포항제철 천하

1974년은 포항의 창단 두 번째 해이자 공식 대회 데뷔 시즌이었다. 축구단은 3월 1일부터 17일까지 진행된 대통령배쟁탈전국축구대회에서 첫 공식 대회 출전을 신고했다. 실업과 대학에서 각각 19개 팀, 10개 팀이 나서는 전국 최대 규모였다. 대한축구협회는 본 대회 기록을 바탕으로 상위 20명을 국가대표팀 상비군으로, 차상위 20명을 예비군으로 각각 선발한다는 방침을 밝혔다. 챔피언에는 그해 10월 태국 방콕에서 개최되는 퀸즈컵 출전권도 주어졌다. 한홍기 감독은 특별한 동기부여 방법을 고민할 필요가 없었다. 대망의 첫 대회 출전이라는 사실과 각자 국가대표 출신이란 자존심만으로 선수단 분위기는 충분히 고조됐다. 포항은 한양대, 기업은행, 육군을 상대한 조별리그를 1위로 통과해 8강에 선착했다. 8강전 상대는 한일은행이었다. 경기 전 포항의 우세 예상은 빗나갔다.

1973~1982 　　1983~1989　　1990~1999　　2000~2009　　2010~2013　　2020~

포항은 좀처럼 골문을 열지 못했다. 결국 최종 승자를 가리는 승부차기가 벌어졌다. 7,000관중이 숨을 죽인 가운데, 양 팀은 여덟 번째 키커까지 동원하는 접전을 펼쳤다. 포항의 국가대표 골키퍼 윤종범이 5-4 승리의 주인공이 됐다. 준결승전에서 포항은 신예 공격수 차범근이 버틴 고려대를 1-0으로 제압했다. 반대편에서는 성균관대가 공군을 제치고 올랐다. 3월 17일 서울운동장에서 포항 선수들은 사상 첫 결승전 그라운드에 발을 내디뎠다. 이회택은 역시 빅매치의 사나이였다. 킥오프 1분 만에 최상철과 콤비네이션을 거쳐 상쾌한 선제 득점에 성공했다. 포항은 후반 19분 1-1 동점골을 내주는 실수를 저질렀지만, 6분 뒤 이회택이 자신의 두 번째 골을 터트렸다. 경기 종료 휘슬은 곧 포항의 첫 출전, 첫 우승을 자축하는 팡파르였다. 이회택은 최우수선수상, 김창일은 득점왕(3골), 한홍기 감독은 지도자상을 차지했다. 완벽한 데뷔였다.

이듬해 4월 포항은 춘계실업축구연맹전에 출전했다. 실업 19개 팀이 출전하는 이번 대회는 특별한 의미가 있었다. 연맹이 대회 결과를 바탕으로 1, 2부 디비전 시스템을 도입하겠다고 밝혔기 때문이다. 공평한 승부를 위해 대회는 4월 3일부터 6월 25일까지 총 171경기가 80일 넘게 진행됐다. 개막 이튿날 포항은 효창운동장에서 농협을 상대했다. 이회택이 부상으로 결장했지만 김호, 김창일, 이차만, 최재모 등 선발진은 여전히 막강했다. 공격수로 나선 조성근이 전반 1골, 후반 2골을 보태 해트트릭을 달성하며 개막전 승리의 주인공이 됐다. 포항은 대회 30일째인 6월 6일 상업은행을 2-1로 제압해 승점 20점(8승 4무 1패) 단독 선두로 치고 나갔다. 대회가 종반으로 갈수록 자동차보험, 육군, 포항의 선두 경쟁은 뜨거워졌다. 6월 18일 포항은 신탁은행전 구승부로 1점을 보태 24점이 되어 자동차보험과 선두 자리에서 어깨를 나란히 했다. 자동차보험과 육군이 먼저 리그를 마무리했다. 2팀의 승점은 25점으로 같았지만, 골득실에서 육군(+20)이 자동차보험(+13)에 앞섰다. 최종전을 앞둔 시점에서 포항은 승점 24점, 골득실 +16을 기록 중이었다. 해군을 상대하는 마지막 경기에서 이기면 우승, 비기면 골득실에 밀려 2위, 패하면 3위로 밀리는 상황이었다. 운명의 최종전에서 포항은 김창일의 선제골과 김연식의 추가골로 2-1 승리를 거뒀다. 승점 2점을 보탠 포항이 최종 26점으로 장기 레이스에서 웃으며 2번째 타이틀을 획득했다. 참고로 대회 개막 전 연맹이 밝혔던 디비전 시스템 도입 계획은 하위팀들의 집단 반발로 무산됐다.

2연속 우승은 에이스 이회택에게 더 특별한 의미로 다가왔다. '풍운아'라는 별명에서 알 수 있듯 이회택은 그라운드 안팎에서 화제를 만들었다. 독일 클럽의 스카우트 제안을 받았을 정도로 개인 기량이 출중했다. 동북고, 양지, 석탄공사를 거친 이회택은 일찌감치 국가대표팀에서도 주포로 활약했다. 하지만 대표팀이 월드컵과 올림픽 출전에 번번이 실패하자 - 평소 노는 데에도 일가견이 있던 이회택에게 비난의 화살이 꽂혔다. 스트레스를 이기지 못한 이회택은 결국 국가대표를 반납하기에 이르렀다. 꺼져가던 축구 열망이 다시 세차게 타오른 곳이 바로 신생팀 포항이었다. 1974년 결승전에서 이회택이 두 골을 터트리자 언론은 "완숙한 스타의 저력 발휘"라고 찬사를 보냈다.

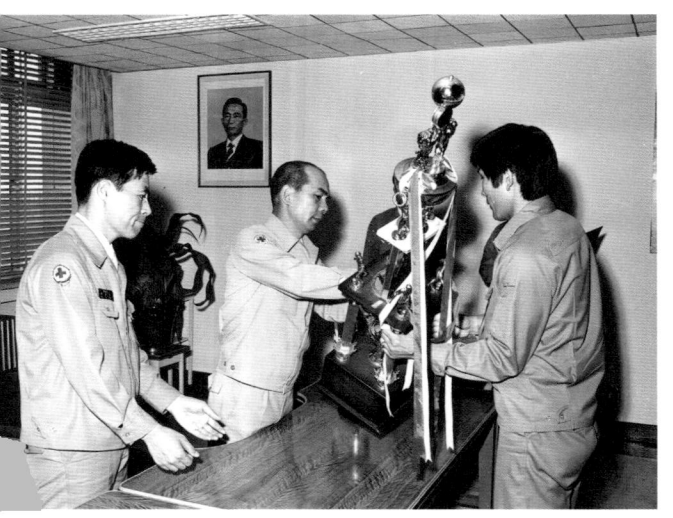

1975년 춘계 대회에서도 팀을 우승으로 이끌며 이회택은 명실상부 한국 최고 공격수임을 증명했다.

실업축구의 절대 강자 포항제철

1977년 실업축구연맹전에서 창단 세 번째 우승에 도전했다. 1976년 실업축구봄철연맹전의 4강 아쉬움을 씻겠다는 각오였다. 한양대를 졸업하고 합류한 신예 유건수와 박창선도 기대를 모았다. 해당 대회는 3월부터 11월까지 1~4차리그, 171경기를 소화하는 방식으로 치러지는 장기 레이스였다. A조에서 포항은 서울시청, 한국전력, 자동차보험, 철도청, 육군, 해군, 공군과 경쟁했다. 경쟁자들은 철저한 수비 전술로 강팀 포항을 괴롭혔다. 주포 이회택과 김창일이 국가대표팀 홍콩 전지훈련에 차출된 상태였기에 포항은 상대의 촘촘한 수비를 쉽게 무너트리지 못했다. 첫 경기에서 무승부에 그친 포항은 3월 9일 철도청을 3-0으로 제압해 첫 승을 신고했다. 신생팀 서울시청이 돌풍을 일으키며 2위로 1차리그를 마무리했다. 1위는 자동차보험, 포항은 3위였다. 2차리그에서 선두권 경쟁을 이어간 포항은 3차리그에서 1위로 뛰어올랐다.

최종 우승 경쟁은 10월 30일 시작된 마지막 4차리그부터 시작됐다. 선두권의 윤곽이 뚜렷해진 가운데, 자동차보험이 2경기를 남기고 1위(22점), 3경기를 남긴 육군이 2위(21점), 4경기를 덜 치른 포항이 승점 19점으로 외환은행, 서울시청과 함께 3위 그룹을 형성했다. 11월 1일 포항은 상업은행을 1-0으로 꺾었다. 자동차보험이 우승 경쟁에서 탈락하면서 트로피의 향배는 포항과 육군의 2파전으로 좁혀졌다. 하지만 다음 경기에서 포항은 조흥은행과 1-1로 비기는 바람에 자력 우승 가능성이 사라졌다. 11월 6일 기업은행전에서 포항은 4-0 대승을 거뒀지만, 같은 날 육군은 산업은행을 1-0으로 꺾고 우승을 확정했다. 최종전에서 포항은 한일은행에 1-0으로 이겼지만, 승점 1점 차이로 우승을 육군에 양보해야 했다. 신예 유건수의 대회 득점왕(12골) 등극이 위안거리였다.

같은 해 4월에는 한일정기실업축구 교류전에 출전할 팀을 뽑는 대회가 열렸다. 우승팀은 5월 말 일본에서 원정 경기를 치를 예정이었다. A, B, C, D조 예선을 거쳐 각 조 1위 4개 팀이 준결승에서 만나는 방식이었다. 포항은 D조 1위로 진출한 준결승전에서 B조 1위 제일은행과 만났다. 국가대표 듀오인 이회택과 김창일이 합작하면서 포항은 육군과 결승전에서 격돌했다. 4월 26일 효창운동장에서 벌어진 결승전에서 포항은 유건수와 이회택의 골에 힘입어 육군을 제치고 우승을 차지했다. 한 달 뒤, 포항은 일본으로 건너가 후루카와전기공업과 일본 청소년대표팀을 상대로 2연전을 치러 1승 1무로 대회를 마감했다.

1978년 3월 제2회 실업축구회장배 군실업축구대회가 개최됐다. 포항이 속한 D조는 그야말로 '죽음의 조'였다. 대회 2연패를 노리는 자동차보험, 차범근을 앞세운 공군, 허정무의 한국전력이 모였기 때문이다. 엎치락뒤치락 경쟁이 연출됐다. 한국전력이 강호 공군을 잡았는데, 포항이 그 한국전력을 2-1로 꺾는 식이었다. 결국 포항과 자동차보험이 1, 2위로 조별리그에서 살아남았다. 하지만 준결승 육군전을 앞두고 포항은 주축 6인이 국가대표에 차출되는 변수가 발생했다. 포항은 승부차기 끝에 육군을 제쳤지만, 10월 6일 열린 결승전에서는 전력 누수를 극복하지 못한 채 자동차보험에 1-3으로 완패하고 말았다. 이듬해 열린 제3회 대회에서 포항은 우승에 재도전했다. 포항은 C조에 충의(육군), 해군, 서울시청과 함께 들어갔다. 첫 경기에서 포항의 완숙미가 돋보였다. 국가대표 선수를 다수 보유한 충의를 상대로 후반 33분 나온 자책골을 잘 지켜 1-0 승리를 거뒀다. 포항은 조별리그 1승 2무로 4강에 진출했다. 이름을 '성무'로 바꾼 공군과 격전을 벌인 끝에 포항은 3-2로 이겨 2연속 결승 진출에 성공했다. 결승전 상대는 터프플레이가 장점인 해군이었다. 포항은 전반 34분

조광래가 선제골을 터뜨렸지만, 2분 만에 동점골을 내줬다. 결국 두 팀은 정규시간은 물론 연장전까지 승부를 가리지 못한 채 공동 우승으로 대회를 마감했다. 포항의 이차만이 대회 최우수선수, 조윤옥 코치가 지도자상을 각각 받는 기쁨도 있었다.

이회택에서 최순호로… 새로운 시대의 서막

실업축구연맹전에서 포항은 1975년 우승 이후 5년째 우승 탈환 실패에서 벗어나지 못했다. 하지만 1981년 대회를 앞둔 포항의 각오는 남달랐다. 창립 멤버였던 이회택은 축구화를 벗었지만, 새롭게 영입한 최고 기대주 최순호가 큰 희망을 던진 덕분이다. 3월 15일 첫 경기부터 최순호는 날아다녔다. 후반 20분 우아한 볼컨트롤과 큰 키를 바탕으로 선배 김만수의 크로스를 선제골로 연결했다. 15분 뒤, 최순호는 센터서클부터 시작한 단독 드리블로 팀의 두 번째 골을 터뜨리는 명장면을 연출하며 3-0 완승의 주인공이 됐다. 최순호는 1차리그 최종전에서도 결승골을 터뜨렸다. 1차리그를 4위로 마친 포항은 2, 3차리그에서 1차리그 1위 대우가 선수 부족과 부상을 이유로 빠진 덕분에 우승 가능성을 키울 수 있었다. 9월 21일 포항은 선두를 탈환했고, 최종전에서도 박창선의 2골 활약에 힘입어 주택은행을 2-0으로 제압했다. 포항이 8승 4무, 승점 20점으로 무패 우승을 달성하는 순간이었다. 포항은 국가대표 선수를 다수 보유하고도 시즌 도중 국가대표팀 차출로 인해 매 대회에서 경기력 유지에 애를 먹었다. 1979년부터 포항은 이런 문제를 해결하려고 스카우트 후보들의 연령을 크게 낮췄고, 이런 장기적 비전의 결실이 바로 1981년 우승이었다.
1982년 실업축구연맹전은 코리안리그라는 새로운 이름으로 출발했다. 아시아 최초의 프로축구리그인 1983년 수퍼리그 출범으로 이어진 코리안리그는 서울, 인천, 청주, 춘천, 원주 5개 도시에서 총 153경기를 치렀다. 금융권 9개 팀, 실업 6개 팀, 육해공군 3개 팀을 합친 18개 팀 체제였다. 대한축구협회는 1981년과 82년 대회 성적을 기준으로 1983년부터 1부 10개 팀, 2부 8개 팀으로 운영하는 승강제를 도입한다고 발표했다. 1975년 무산되었던 디비전시스템 실현에 재도전하는 모양새였다. 2부로 떨어지면 곤란하다는 위기감이 치열한 경쟁을 불렀다. 포항은 최순호와 신상근을 국가대표팀 해외 원정에 양보한 상태로 개막을 맞이했다.

전력 공백이 생각보다 컸는지, 포항은 1, 2차전을 1무 1패로 마쳤다. 그러나 포항에는 실업 강자의 저력이 있었다. 이어진 3경기에서 3연승을 거두며 포항은 선두권 경쟁에 합류했다. 포항은 전기리그를 6승 2무 1패 승점 16점으로 마감했다. 후기리그의 선두 다툼 주인공은 포항과 국민은행이었다. 후기 초반 2연승을 거둔 포항은 국민은행과 맞대결에서 아쉬운 1-3 패배를 당했다. 포기란 있을 수 없었다. 포항은 만능 미드필더 박창선의 절도정전 해트트릭을 앞세워 승점을 쌓아갔다. 9월 15일 주택은행전 3-1 승리로 포항은 2위 그룹을 승점 3점 차이로 따돌렸다. 12월 4일 최종전까지 마친 포항은 최종 성적 12승 3무 2패로 당당히 대회 2연패를 달성했다. 화려하진 않아도 팀에 절대적으로 필요한 알짜배기 미드필더 박창선은 선수 생활 13년 만에 최우수선수상의 영예를 안았다.

글 **홍재민**

회장님의 특별한 주문, "축구만큼은 일본에 이겨라"

이회택

인터뷰 배진경

1970년대를 물었을 뿐인데, 돌아온 답은 산업화 시대 대한민국의 자화상이었다. 포항제철축구단 창단 멤버인 이회택은 한국 축구의 레전드일 뿐 아니라 포항 축구의 기원이었다. 제철소 제1고로에서 처음으로 나오는 쇳물을 지켜본 축구인이기도 했다. 그 시절 포항 축구는 한국 축구의 영광과 열정을 녹여내는 용광로였다.

1973년 한홍기 감독의 요청으로 포항제철에 입단해 축구팀 창단 멤버가 됐다.

내가 동북고 출신이다. 당시 동북고에는 우리나라에서 축구 잘한다는 선수들이 다 모여 있었다. 은사인 박병석 감독에게 기본기와 기술을 정말 잘 배웠다. 그 시절 앞서가는 교육을 한 분이다. 그 덕에 청소년대표도 되고 국가대표에도 선발됐다. 당시 대표팀을 맡았던 한홍기 선생이 나를 고등학교 때부터 눈여겨보고 아껴 주었다. 군(중앙정보부 산하 양지팀)에서 제대해 한양대 축구팀에서 뛰고 있었는데, 한홍기 선생이 포항 창단 감독이 되면서 나를 불렀다. 듣기로 박태준 회장께서 나를 데려오라고 했던 것 같다.

박태준 회장이 선수들에게도 상당한 관심과 애정을 갖고 있었던 것 같다.

축구에 대한 애정과 열정이 대단했다. 처음에는 일본을 오가면서 야구에 관심을 가졌던 것으로 안다. 그런데 유럽 출장이 늘어나면서 생각이 바뀌었다고 한다. 유럽에선 일상 화제가 온통 축구 얘기니까. 월요일이나 화요일에 미팅을 하면 지난주말 있었던 축구 얘기가 빠지지 않는다. 자연스럽게 회장께서 축구팀 창단을 한 것 같다. 생전에 자주 찾아 뵀다. 나를 보면 늘 "지금은 우리가 일본에서 기술을 배워 오지만 축구만큼은 이겨야 한다"라고 말했다. 실제로 그 시절 한국이 일본을 이길 수 있는 영역은 축구가 거의 유일했다.

창단 이듬해부터 전국대회(대통령배)에서 성과를 냈다. 실업 시절 포항은 어떤 팀이었나?

최고의 팀이었다. 국내 최고의 선수들이 다 있었다. 거의 매년 우승 아니면 준우승했다. 나중에 김호, 신현호, 조광래, 이영무, 박창선, 박성화까지 스타라고 하는 선수는 다 왔다. 프로 시대가 되면서 할렐루야, 대우, 유공 같은 팀들이 생기고 하나 둘 빠져나가긴 했지만 그래도 최고의 전력을 유지했다.

그 선수들을 데려올 수 있었던 건 박태준 회장의 관심과 의지였다.
1970년대 축구 스타는 우리나라 최고의 별이었다. 별다른 놀이문화가 없던 시절 아닌가. 요즘은 야구에 누구, 농구에 누구 이런 식으로 종목별로도 스타가 있고 연예계나 다른 분야에도 스타가 많다. 그때는 축구 선수의 인기가 압도적이었다.

연고지 개념이 있던 시대가 아닌데, 숙소나 훈련 환경은 어땠나?
효자동에 포항제철 직원 숙소가 있었다. 선수들도 그곳에서 지냈다. 사실 나는 숙소에서 오래 지내지 않았다. 동계 훈련이나 합숙 훈련에 참가한 적이 거의 없다. 자유롭게 살았다. 밖에서 지내고 있으면 한홍기 선생께 전화가 왔다. "이 사람, 얼굴 한 번 보여주게"라고 해서 팀에 가면 말했다. "쉴 만큼 쉬었으면 이제 축구 좀 하시게"라고. 내가 운동장에 들어가 뛰면 또 골을 넣었다. 돌이켜보면 내가 하늘의 도움을 받은 게 두 가지다. 하나는 운동 능력이다. 순발력과 감각이 있었다. 밖에서 놀다가 들어가도 경기장에서는 멀쩡하게 잘 뛰었다. 골을 넣으려면 냄새를 맡을 줄 알아야 하는데, 나는 볼이 들어올 공간을 만들어 놓고 그 자리를 찾아 들어갔다. 그때 나는 골 넣는 게 가장 쉬웠다. 볼이 내 발에 맞고 들어갔지, 내가 볼을 찾아서 때린 게 없다(웃음). 한홍기 선생도 나란 놈의 능력을 인정하니까 그렇게라도 데리고 있었다. 하늘이 도운 다른 한 가지는 술을 못 마셨다는 거다. 속에서 받아주지 않는 체질이었다. 소주 한 잔만 마셔도 금방 화장실로 달려가 게워내야 했다. 내가 그때 술까지 마실 줄 알았다면 선수 생활을 오래 못했을 거다.

한홍기 감독은 어떤 지도자였나?
축구인 중 최고 인텔리(지식인)랄까, 내가 진심으로 존경하는 국내 최고의 지도자라고 할 수 있다. 현역 때는 상대에게 부상 위협을 줄 만큼 거친 플레이를 했다고 하는데, 지도자로는 아주 세련되고 신사적인 분이었다. 경기가 잘 안 풀리거나 경기에 지더라도 선수들에게 화내는 모습을 한 번도 본 적이 없다. 욕도 입에 담지 않았다. 그 시절은 체계적인 훈련법이나 전술을 공부할 수 있는 환경이 아니었다. 그런데도 선수들에게 기본기와 기술의 중요성을 강조했다. 기술 좋은 선배 축구인을 데려와 선수들을 가르치게 하기도 했다. 유망주들에게도 꾸준히 관심을 보였다. 선수 덕 볼 생각을 한 분이 아니라 선수를 어떻게든 훌륭한 선수로 키워내려고 한 분이다. 시대를 앞서갔다. 한홍기 선생께서 "경기 뛸 때 되지 않았냐"라고 하면, 일단 들어가서 열심히 훈련했다. 축구를 잘 하려고 몸을 만드는 게 아니라 운동장에서 망신 당하지 말아야겠다는 생각이었다. 나에 대한 기대가 그만큼 컸다. 내가 선수 생활을 그만둘 때까지 그랬다.

1980년 포항에서 현역 생활을 마무리했다.
내가 선수 때는 신가드를 차고 뛴 적이 없다. 무거운 느낌이었다(웃음). 요즘 같으면 상상도 못할 일이다. 스타킹도 무릎까지 올리지 않고 발목에 내린 채 뛰었다. 상대가 내 정강이를 노리고 들어오면 정말 위험했을 거다. 실제 그런 시도들도 있었다. 그런데 나를 함부로까지 못했다. 내가 빨랐으니까. 그냥 빠져나갔다. 태클을 시도하는 선수들이 오히려 다칠 판이었다.
그러다 1980년을 앞두고 '이제 축구를 그만 둘 때가 됐다. 올 한해는 정말 후회 없이 뛰고 멋지게 마무리하자'라고 생각했다. 처음으로 동계훈련에도 합류했다. 그때 고등학생이던 최순호의 팀(청주상고)과 연습경기를 했다. 기량 점검을 하느라 연습경기를 많이 했다. 추운 계절에 연습경기에서 뛰다가 아킬레스건에 딱 문제가 생겼다. 이상이 생기니까 뛰기 힘들었다. 요즘 같으면 수술하고 재활했겠지만 그땐 시큰거리는 상태로 쉬었다. 열흘인가 보름이 지나도 회복이 안됐다. 그게 끝이었다.

프로 시대에는 감독으로 포항의 우승을 지휘하기도 했다.
1987년에 포항 감독이 돼 1988년에 우승했다. 연초 박태준 회장께 새해 인사를 하면서 우승을 약속했는데, 결국 지켰다. 우승 포상금으로 서울 송파에 집도 마련했다. 지금까지 그 집에서 살고 있다. 이후 대표팀을 맡아 1990년 월드컵을 다녀오느라 팀을 잠시 떠났다. 당시에는 프로팀 감독과 대표팀 감독을 겸할 수 있었다. 대표팀 감독은 명예직이었다. 감독 급여도 축구협회가 아니라 포항에서 지급했다. 월드컵에서 복귀한 뒤 포항에 집중했다. 1992년에 다시 한 번 우승했는데, 첫 우승보다 좀 더 힘들었다. 승점싸움이 그냥 치열한 정도가 아니었다. 마지막 경기까지 향방을 알 수 없었다. 마지막 한 판으로 우승이 확정됐다.

1983 ———————— 1989

CHAPTER 2

FORGED TO WIN

승리를 단련하는 팀

포항 앞에는 늘 최초라는 수식어가 따른다. 그 역사는 프로 축구가 수퍼리그라는 이름으로 출범한 1983년부터 시작됐다. 프로 원년 외국인 선수를 영입했고, 2년 뒤에는 유스시스템의 기틀을 만들기 시작했다. 모두 한국 축구 역사상 최초였다. 한국 축구 미지의 선봉에는 언제나 포항이 있었다.

앞서간 도전은 4년 만에 결실을 맺었다. 프로 무대 진출 3년째, 본격적인 우승 다툼을 시작한 포항제철은 1986년 유니폼에 큰 별을 달았다. 2년 뒤 다시 하나의 별을 추가했다. 지역연고제가 제대로 정착되지 않은 1980년대, 유일하게 해답을 찾은 포항제철은 포항 시민과 함께 환호했다. 포항제철의 1980년대는 환희와 영광이 가득했다.

최초 또 최초, 가보지 않은 길을 가다

실업 최강자로 이름을 떨친 포항제철은 프로팀 유공코끼리, 할렐루야독수리, 실업팀 대우로얄즈, 국민은행까치와 함께 수퍼리그에 참가했다. 개막에 앞서 포항제철은 새로운 출발을 위해 팀명을 바꿨다. 포항제철 전직원을 대상으로 명칭을 공모한 결과, 포항제철돌핀스가 선택을 받았다. 돌고래 특유의 영특함과 민첩성이 높은 점수를 얻었다.

포항제철은 개막전부터 화제를 몰고 다녔다. 포항제철 박태준 명예회장과 대우 김우중 회장의 관전으로 성사된 구단주 더비는 동대문운동장을 뜨겁게 달궜다. 1-1 무승부로 첫 삽을 뜬 포항제철은 다섯 번째 경기 만에 첫 승을 신고했다. 전반기 성적은 2승 4무 2패 승점 8점으로, 유공에 골득실에서 밀린 4위였다.

전반기가 한창 진행 중이던 5월, 포항제철은 브라질 출신의 호세와 세르지오를 영입하며 한국 축구에 새로운 장을 열었다. 브라질 철강회사 CVRD와 철광석 수입 상담 과정에서 영입한 두 선수는 21세에 포항제철에 입단했다. 호세는 통산 5경기 출전, 세르지오는 통산 2경기 출전으로 의의를 남겼다.

외국인 선수 영입 등 전력 보강과 전지훈련의 효과는 하반기 들어 결실을 맺었다. 후기리그 개막전에서 스타군단 유공을 4-2로 꺾으며 산뜻한 출발을 알렸다. 이날 신예 김희철은 수퍼리그 첫 해트트릭을 기록하며 승리의 선봉에 섰다. 기세를 탄 포항제철은 연이은 대승으로 선두까지 치고 올라가 우승을 다퉜다. 최종전에서 석패하며 6승 4무 6패 승점 16점으로 최종 4위를 기록했으나, 1위 할렐루야와 승점은 단 4점 차에 불과했다. 객관적 전력 약세 속에서 치른

첫 시즌, 가능성을 확인한 포항제철이었다.
1984년 2월, 포항제철은 프로로 전환해 참가 팀이 8개로 늘어난 수퍼리그에서 자웅을 겨뤘다. 외국인 선수 영입은 계속됐다. 하지만 최순호 등 주축 선수 3명의 국가대표팀 차출로 인한 전력 공백으로 부진이 이어졌다. 6월 중순이 돼서야 첫 승을 신고한 포항제철은 전기 리그를 3승 5무 5패 승점 19점, 6위로 마무리했다.
전반기 부진을 털기 위해 포항제철은 외국인 선수 2명을 모두 교체했다. 브라질 명문 플루미넨시의 우승을 이끈 공격형 미드필더 제제와 공격수 윌신요의 가세로 팀은 후기리그 부활의 날갯짓을 했다. 후반기를 4연승으로 시작한 포항제철은 6경기 무패행진이라는 기록까지 썼다. 차범근 이후 국내 최대 스트라이커로 각광받은 최순호와 국가대표 골키퍼 정기동의 활약으로 공수가 안정을 되찾았고 박경훈과 전차식도 전력에 보탬이 됐다. 하지만 전기리그의 부진을 만회하기에는 역부족이었다. 종합성적 10승 7무 11패, 5위를 기록한 뒤 한홍기 감독은 "대우나 유공, 할렐루야 심지어 국민은행까지도 동계 해외 전지훈련을 실시했다. 그러나 우리는 체력 훈련에만 급급했고 종합적인 훈련은 거의 하지 못한 상태였다. 때문에 실전 훈련이 없어 게임 감각을 거의 잃어버린 것이 큰 장애 요인이 되었다"고 시즌을 돌아봤다. 철저한 준비와 실전 감각의 중요성이라는 뼈아픈 교훈을 남긴 한 해였다.
1985년 포항제철은 시즌 개막에 앞서 대대적인 개편을 단행했다. 성적 부진에 과감히 변화를 택했다. 이미지 쇄신을 위해 팀명을 포항제철아톰즈로 변경하고, 마스코트도 돌고래에서 철인 아톰으로 교체했다. 친숙하면서도 강한 팀으로 변모하고자 하는 의지였다.
감독 교체도 단행했다. 1973년부터 1984년까지 팀을 이끈 한홍기 감독을 뒤로하고 최은택 감독이 지휘봉을 잡았다. 한홍기 감독과 사제지간인 최은택 감독은 한양대를 지휘하면서 포항제철과 자매결연을 맺어 팀을 잘 알고 있었다. 1984시즌을 타산지석 삼아 포항제철은 착실하게 시즌을 준비했다. 강릉 전지훈련에 이어 브라질 전지훈련을 떠나 체력과 전술을 종합적으로 다듬었다.
포항제철은 투자를 아끼지 않았다. 한양대 이흥실, 고려대 조긍연, 한일은행 최덕주 등 9명을 새로 영입했고, 1984년 14득점을 올린 최순호와도 재계약에 성공했다.

공헌을 인정받은 최순호는 당시 국내 프로 축구선수 최고 연봉인 3,200만 원에 도장을 찍었다. 브라질에서 호사와 플라비오도 영입했다. 1978년, 1979년 브라질 청소년 대표로 활약한 호사는 1983년 브라질 최우수 풀백으로 선정될 만큼 실력이 검증된 수비 자원이었다.

포항제철은 긴 안목으로 팀을 정비했다. 1980년 전국 10개 시, 도 10개 고교와 1개 대학, 경북도내 초, 중 고교 4개 학교 등 15개 팀과 자매결연을 맺은 포항제철은 1984년 포항제철중학교에 축구팀을 창단한 데 이어 1985년, 포항제철공업고등학교 축구부를 창단해 본격적인 유소년 육성 시스템의 기틀을 닦았다.

1985시즌은 1차, 2차, 3차리그로 나눠 팀당 21경기를 치르는 단일리그 방식으로 치러졌다. 부단한 준비는 3차리그 들어 결실을 맺었다. 3차리그 첫 경기에서 최순호와 이흥실의 골에 힘입어 강호 럭키금성과 2-2로 비겼고, 이어 대우와 현대를 상대로 연이어 무실점 승리를 챙겼다. 선전은 계속됐다. 3차리그 7경기에서 포항제철은 5승 2무를 기록하며 막판 상승세를 탔다. 이는 당시 최장 무패 경기 기록이었다. 8월 28일 대우전을 시작으로 기록한 5연승은 대회 최장 연승 경기 기록이기도 했다. 1차리그를 5위로 마친 포항제철은 종합성적 9승 7무 5패 승점 25점으로 순위를 세 계단 끌어올렸다. 1위 럭키금성에 단 2점 뒤진 준우승이었다. 3위를 목표로 나선 포항제철은 과감한 지원과 철저한 준비로 부활에 성공했다.

포항 축구의 비상, 별을 달다

포항제철은 1986년 완전히 날아올랐다. 1983년 프로 무대에 뛰어든 뒤 4위, 5위를 기록하며 부진하다 1985년 준우승으로 반전의 신호탄을 쏜 포항제철은 1986년부터 영광을 맛보기 시작했다.

1986년 프로 축구는 프로와 아마추어가 한데 어울려 격돌하는 축구대제전과 프로만 참가하는 프로축구선수권대회로 나뉘어 진행됐다. 축구대제전은 춘계리그와 추계리그로 다시 나뉘어, 춘계리그 우승팀과 추계리그 우승팀이 챔피언 결정전에서 통합챔피언을 다퉜다. 프로축구선수권대회는 전기리그와 후기리그로 진행됐다. 포항제철은 축구대제전 춘계리그에서 일찌감치 독주체제를 갖췄다. 개막전 무승부 이후 8경기에서 3승 5무를 거두며 순항했다. 1985년 3차리그부터 시작하면 16경기 연속 무패의 진기록이었다. 춘계리그 정상은 포항제철 몫이었다. 3승 6무 1패 승점 12점으로 정상에 오른 포항제철은 챔피언 결정전 티켓을 확보했다.

우승 비결은 좋아진 공수 밸런스였다. 1985년 수비를 지적 받은 포항제철은 이듬해 보완에 성공하며 춘계리그 10경기 9득점 5실점이라는 호성적을 기록했다. 강태식, 전차식, 허태식, 김창효, 박성화로 구성된 새로운 수비진은 합격점을 받았다. 특히 박성화는 무릎 수술을 이겨내고 재기에 성공해 춘계리그 후반 맹활약을 펼쳤다.

공격은 조긍연이 이끌었다. 1985년 14경기 2골 1도움에 그친 조긍연은 발군의 실력을 보이며 제힘으로 의심을 떨쳐냈다. 빠른 주력을 이용한 측면 돌파는 여전했고 높은 투쟁심과 과감한 슈팅까지 한 단계 성장한 모습을 보였다. 공격형 미드필더 이흥실과 수비형 미드필더 김익형을 중심으로 한 허리의 활발한 움직임도 공수 안정에 큰 힘을 보탰다. 이흥실은 정확한 크로스와 뛰어난 드리블, 묵직하게 날아가는 슈팅으로 진가를 입증해 보였다. 최상국 역시 찬스메이커로 활약하며 조긍연, 이흥실과 함께 포항제철의 공격라인을 이끌었다.

포항제철은 거침이 없었다. 이어진 프로축구선수권대회 전기리그에서 명실상부한 국내 축구 최강자로 우뚝 섰다. 8경기 10득점 6실점, 공수 안정을 기반으로 리그 운영해 온 포항제철은 전기 리그 최종전에서 현대에 기권승을 따내며 우승컵을 안았다.

프로축구선수권대회 후기리그에서는 숨을 골랐다. 주축 선수들의 잇따른 부상과 공격진의 난조로 제힘을 발휘하지 못한 포항제철은 4위로 대회를 마무리했다. 축구대제전 추계리그 역시 부진을 떨쳐내지 못하면서 5위에 그쳤다.

포항제철은 마지막에 웃었다. 축구대제전 챔피언 결정전에서 추계리그 우승팀 럭키금성을 만난 포항제철은 1차전에서 1-0 승리하며 유리한 고지를 점했다. 부상으로 출전하지 못했던 최순호, 박경훈, 강태식, 이흥실 등이 선발로 나서 초반부터 분풀이를 했다. 지략 대결도 포항제철의 승리였다. 2차전에서 조긍연을 전방에 배치한 포항제철은 상대의 전진수비를 허물었다. 간간이 이뤄지는 역습은 럭키금성의 간담을 서늘케 했다. 1골씩 주고받은 2팀은 승부를 가리지 못했지만 1, 2차전 합산 스코어 2-1로 포항제철이 앞섰다.

| 1973~1982 | **1983~1989** | 1990~1999 | 2000~2009 | 2010~2019 | 2020~ |

포항제철은 프로 무대 진출 4년 만에 정상에 올랐다. 시상식은 포항제철의 잔치였다. 부임 2년 만에 팀을 정상으로 올려놓은 최은택 감독이 감독상을 수상했고, 공격을 이끈 이흥실이 MVP와 시즌 베스트 11 미드필더 부문에 이름을 올렸다. 수비 핵심인 박성화는 모범상을 수상했다.

1986년 첫 패권을 쥔 포항제철은 진정한 1인자로 거듭나기 위해 팀을 재정비했다. 간판스타 이회택을 감독으로 임명했고 선수단 개편이 단행됐다. 이때 선수 4명을 방출하고 2명을 2군으로 전환한 뒤 유병옥, 이기근, 김상호, 김종민, 황영우, 김홍운, 공문배, 조병득 등 8명을 영입했다. 과감한 투자와 변화였다.

프로팀만 참가하는 첫 시즌을 앞두고 이회택 감독은 일명 '100일 작전'을 펼쳤다. 철저한 단계별 동계훈련 시스템을 거친 이회택호는 태국 방콕에서 열린 제18회 킹스컵 국제축구대회에서 첫 선을 보였다. 결과는 합격점이었다. 포항제철은 '홈팬들의' 일방적인 응원, 편파 판정 등 불리한 여건 속에서 준우승을 거두며 미래를 밝혔다. 최순호, 유동관, 강태식, 남기영 등 줄부상 속에서 일궈낸 결과였다. 프로축구대회에서는 시동이 늦게 걸렸다. 첫 승리는 다섯 번째 경기 만이었다. 개막 이후 내리 네 번 무승부를 거둔 포항제철은 럭키금성을 상대로 전반에만 5골을 몰아넣으며 화끈한 첫 승을 기록했다. 3승 6무 3패, 3위로 여름 휴식기를 맞은 포항제철은 휴식기 동안 메츠와 제1회 한불 축구 정기 대항전을 가지며 기량을 갈고 닦았다. 다시 재개된 리그에서 포항은 고무적인 경기력을 선보였다. 10월에는 럭키금성을 상대로 무려 7골을 터트리며 당시 한국프로축구사상 한 경기 최다 득점이라는 신기록을 세웠다.

포항제철은 16승 8무 8패 승점 40점을 기록, 전반기보다 한 단계 높은 2위로 시즌을 마무리했다. 공격 부문은 독보적인 1위에 오르며 다음 시즌 전망을 밝게 했다. 다득점 2위 대우보다 무려 23골을 더 넣은 포항은 팀 최초로 득점왕을 배출했다. 15득점, 8도움을 올린 최상국은 도움왕에도 올랐다.

공업도시에서 축구도시로

1988년 포항제철은 성적과 팬이라는 두 마리 토끼를 다 잡았다. 두 번째 정상에 섰고, 연고지 포항은 공업도시에서 축구도시로 자리매김했다. 포항제철의 포항 연고 정착은 1988년 프로 축구의 최대 수확으로 꼽힐 정도다. 1987년 프로 축구는 지방을 순회하던 경기 방식을 철폐하고 지역연고제를 실시했지만 재미를 보지 못했다. 유일하게 포항제철이 숙제를 풀었다. 기존 대구와 경상북도를 연고로 한 포항제철은 1988년부터 본격적으로 포항에 집중했고 10차례의 홈경기에서 17만1,813명의 유료 관중을 동원이라는 유의미한 결과를 만들어냈다. 평균 관중 1만7,118명으로 3,000~5,000명에 그친 다른 구단과 견주면 세 배가 넘었다. 6월 4일 럭키금성전에서는 무려 2만5,000여 명의 관중이 입장하며 최다 관중 기록을 갈아치웠다.

1988년 개막을 앞두고 포항제철은 김종부를 영입하고, 최순호와 이별했다. 시끄러운 비시즌을 치른 포항제철은 세 번째 경기 만에 현대를 상대로 첫 승을 기록했다. 이후 상승세를 탄 포항제철은 4연승을 거두며 1위로 도약했다. 상승세는 계속됐다. 대우, 유공, 럭키금성을 상대해 무패행진을 하며 개막전 패배 이후 5승 3무라는 좋은 성적을 올렸다.

서울올림픽 종료 후 재개된 프로축구대회에서는 잠시 휘청였으나 곧 뚝심을 발휘했다. 7경기에서 2승 5무를 기록, 차곡차곡 승점을 쌓아나갔다. 결국 11월 2일 부산 구덕운동장에서 대우를 1-0으로 꺾으며 사실상 우승을 확정지었다. 최종 성적은 9승 9무 6패 승점 27점, 1위였다. 포항은 두 번째 우승으로 명가라는 입지를 다졌다. 감독 데뷔 2년 만에 팀을 정상에 올려놓은 이회택 감독은 감독상을 수상했다. 포항제철은 2년 연속 득점왕을 배출했다. 연일 득점 행진을 이어 간 이기근이 12득점으로 득점왕에 올랐다. '드래프트 파문'으로 대한민국 축구계를 크게 흔들었던 김종부는 5도움으로 도움왕을 기록하며 재기의 발판을 마련했다.

1989년 포항제철은 목표를 '경기당 유료 관중 1만 명 동원'과 '홈경기 무패 및 다득점'으로 잡고 심기일전했다. 지난 시즌 프로 축구에 새 바람을 몰고 온 포항·팬들의 열기를 다시 한번 이어나가겠다는 각오였다. 1990년 이탈리아 월드컵을 앞둔 터라 프로 축구에 대한 관심도 높았다. 서울 강북을 연고로 하는 일화천마의 창단도 리그에 호재였다

역사는 빠르게 쓰였다. 유공을 상대로 개막전을 2-1 승리를 거두고 홈으로 돌아온 프항제철을 4만 여 관중이 맞았다. 이날 들어선 관중은 포항 역사상 가장 많은 관중으로 역사에 기록돼 있다.

1989년 프로 축구는 각 팀 간판선수들의 국가대표팀 차출로 전력에 차질을 빚었다. 포항제철 역시 6월 대통령배 국제축구에 조병득, 박경훈, 최상국 등 핵심 선수가 빠져나가며 흔들렸다. 특히 5월 28일 현대전 패배 이후 3개월 가까이 승리를 기록하지 못했다. 이후 대우, 일화를 상대로 한 4연전에서 4승을 기록하며 부활의 신호탄을 쐈다. 그 중심에는 조긍연의 활약이 있었다. 이흥실, 조긍연, 이기근으로 이어지는 공격 3각 편대가 그라운드를 달궜다. 고졸 신인 최문식의 활약도 볼거리였다. 잠시 최하위까지 처졌던 포항제철은 공격을 앞세워 만회에 나서 결국 13승 14무 13패, 4위로 시즌을 마감했다.

위기 속 포항은 명가의 저력을 발휘했다. 20골을 넣으며 한 시즌 최다 득점 신기록을 달성한 조긍연은 득점왕에 올랐고, 살림꾼 이흥실 역시 한 시즌 최다 도움 신기록(11개) 도움왕에 선정됐다. 포항제철은 3년 연속 득점왕을 배출하면서 명실상부 '공격 축구의 대가'라는 강한 인상을 남기고 1990년대를 맞았다.

글 **조형애**

나는 여전히 그들을 통해 세상을 본다

최순호

인터뷰 **조형애**

박태준, 한홍기 그리고 요한 크루이프. 청년 최순호는 두 명의 스승과 한 명의 롤모델로 인해 축구에 눈을 떴다. 그렇게 1980년대 포항을 대표하는 축구 스타가 됐다. 40여 년 전 포항에서 얻은 교훈은 그에게 여전히 유효하다.

고등학생 신분으로 포항제철에 입단했다. 당시 포항제철은 어떤 팀이었나? 프로축구 원년에는 객관적 전력이 약했다는 기록이 있다.

그 시절 포항제철은 모든 선수들에게 선망의 대상이었다. 입단은 고등학교 3학년에 했는데, 실은 2학년 때 모든 이야기가 끝났다. 한홍기 초대 감독님이 젊은 선수가 필요하다는 구상을 했고 그 일환으로 나도 스카우트됐다. 1981년 실업축구연맹전, 1982년 코리안리그 우승을 차지했는데 그때 멤버에 이미 고등학생이 꽤 많았다. 젊고 강한, 명실상부 실업 최강팀이었다. 그런데 수퍼리그가 출범하면서 상황이 조금 달라졌다. 좋은 선수들이 최초의 프로 구단인 할렐루야축구단으로 이적했고, 전력 누수가 생긴 상태에서 프로축구 원년을 맞았다.

프로축구 원년은 어떻게 기억하고 있나? 서커스단이나 유랑극단에 비유하기도 했는데?

프로축구가 생긴다고 해서 막연히 신났던 기억이 난다. 여러 도시를 돌면서 주말 이틀 모두 경기를 치렀고, 관중도 꽉꽉 들어찼다. 경품도 쏟아졌다. 정말 서커스단이 된 것 같은 느낌이었다. 한 번은 친구가 경품으로 125cc 오토바이를 받았다. 당시로는 굉장히 좋은 오토바이라서 호기심에 탔다가 큰일 날뻔했다. 친구도 같은 경험을 했다. 결국엔 오토바이를 팔아 고기 사 먹었다고 한다(웃음). 처음이었으니까, 잘 모르니까 그냥 지나갔는데 지금으로서는 상상이 안 되는 일이 참 많았다.

1980년대부터 포항은 앞서가는 시도를 했다. 외국인 선수 영입도 그중 하나였다.
한홍기 감독님의 선견지명이다. 그분은 그때 이미 영국에서 나오는 축구 매거진 <월드 사커>를 애독하고 있었다. 완전히 다른 차원의 시야를 가진 분이었다. 1982년 일이다. 프로축구 출범 이야기가 한창 나오고 있던 그때, 월드컵을 스페인 현지에서 관전하고 벅찬 감동을 느꼈다. 그 상태 그대로 브라질 전지훈련을 가 친선 경기를 치렀다. 외국인 선수를 살펴보고 감상을 전해달라고 하기에 그렇게 했다. 그렇게 좋은 평가를 한 선수가 포항에 영입됐고 큰 관심을 받았다. 내가 놀라운 건 월드컵 관전부터 외국인 선수 영입까지, 다 큰 그림에 있었다는 점이다.

1984년 포항제철은 대회 불참을 선언하기도 했다. "수퍼리그 일정을 국가대표 선수가 뛸 수 있는 기간으로 연기, 혹은 팀 소속 국가대표 세 명을 4월 1일과 7일 수퍼리그에 뛰게 해달라"는 내용의 공문이 거절당해서다. 불참 선언 철회로 일단락됐지만 1980년대 대표팀 차출 문제는 지속됐던 것 같다.
지금과 완전히 반대라고 생각하면 된다. 요즘 프로 선수는 소속팀에서 활약하다 대표팀 소집 기간에 모여 훈련 및 경기를 하고 소속팀에 복귀한다. 그 기간 동안 리그는 중단된다. 1980년대는 태릉선수촌에 있으면서 경기가 있을 때 소속팀에 갔다. 아마추어 때는 경기 당일 태릉선수촌을 나가기도 했다. 거의 대표팀이 소속팀 같은 상황이었고 그래서 대한축구협회와 팀 간 갈등이 있었다. 그 당시니까 가능한 이야기다. 1984년은 그 외에도 다사다난했다. 내가 처음 주장을 맡은 것도 그해다. 초반 성적이 좋지 않고 팀 분위기도 뒤숭숭하던 그때, 한홍기 감독님께서 주장직을 권유했다. 20대 초반이라 단칼에 거절했다. 8, 9년 터울의 선배가 있는 상황에 어떻게 할 수 있겠나. 그런데 계속 성적이 좋지 않아 해보자고 마음을 고쳐먹었다. 공교롭게도 그렇게 팀이 위기에서 벗어났다. 스스로도 정신을 바짝 차렸고, 선배들도 내 눈치를 봤다. 다들 그렇게 아마추어 때 습관을 버렸다. 아마도 감독님은 그걸 노린 것 같다.

포항에서 활약하며 1986년 우승과 1985년, 1987년 준우승을 경험했다. 대표팀에서도 96경기 30골을 득점하는 등 활약이 두드러졌다.
난 타깃형 스트라이커였다. 좋은 선수들과 뛰니까 가운데 가만히 서 있어도 좋은 기회가 왔고, 그걸 골로 연결하는 건 그리 어렵지 않았다. 활동량이 적다는 비판은 들었지만 스스로 정체성을 타깃형으로 확립하고 있어서 문제 되지 않았다. 그러던 어느 날 한홍기 감독님께서 주문을 달리했다. 프리롤을 주며 활동량을 높이라는 것이었는데, 정해진 곳만 왔다 갔다 하다가 많이 뛰고 패스도 하니까 재밌었다. 녹화 테이프도 하나 받았는데, 그 안에 요한 크루이프 영상이 들어있었다. 자극이 됐다고 해야 할까? 한마디로 신기했다. '저렇게 할 수도 있구나!'하고 느낀 후 크루이프 플레이를 따라 했다. 크루이프 턴을 하니 수비수들이 다 나가떨어지더라. 결과적으로 바뀐 플레이 스타일이 내 축구 선수 인생을 단축시켰다고 생각하긴 한다. 타깃형 스트라이커만 알고 그렇게 뛰었더라면 더 많은 득점을 올리고 더 오래 뛰었을 거다. 한홍기 감독님의 지도와 크루이프 영상으로 세계 축구 트렌드에 눈을 떴는데, 현실에선 다시 '박스 안에 가만히 있으라'는 요구가 이어졌다. 혼란스러웠고 트러블도 생겼다. 사실은 그 이후 축구에 대한 흥미를 잃었다.

바꿔 말하면 초창기 포항에서 쌓은 추억이 많다는 뜻이기도 하다. 어떤 기억을 가지고 있나?
한홍기 감독님과 박태준 회장님께서 준 영향이 크다. 박태준 회장님은 고교 3학년 때인 1979년 만나 돌아가신 2011년까지 33년 동안 꾸준히 만났다. 중간에 내가 포항을 떠난 적도 있기 때문에 회장님이 서운해할 법도 한데 그분이 나를 각별히 생각했던 것 같다. 한 번은 타에 차라고 하더니 제철소를 한 바퀴 쭉 돌면서 "여기 어떤 것 같아?" 하고 물었다. 삭막한 것 같다는 식으로 대답했더니 나지막이 말했다. "여긴 시스템이 굉장히 좋은 회사야. 앞으로 굉장히 잘될 거야." 그 후로도 강조한 건 하나다. '시스템이 중요하다. 시스템을 움직이는 것은 사람이다. 적재적소에 좋은 사람을 써야 한다. 그래야 질이 좋아진다.' 자연스럽게 시스템을 만들어야 한다는 생각이 머릿속에 자리 잡았다. 시간이 흘러 2003년, 포항 감독 재직 중 초등학교, 중학교, 고등학교로 이어지는 유스시스템을 구축했다. 만날 때마다 계속 확인하고 애정을 보였기 때문에 느슨해질 수 없었다. 한홍기 감독님과 박태준 회장님의 가르침. 그걸로 내가 지금까지 현장에서 일하고 있는 것이다.

1990 ———— 1999

CHAPTER 3

STARRY NIGHT
STARLIT FIELD

별이 빛나는 밤, 별이 빛나는 구장

STARRY NIGHT, STARLIT FIELD

1990년대 포항스틸러스를 논할 때 인상적인 순간을 꼽아보라고 한다면 그 답은 제각각일 수 있다. 그러나 가장 상징적인 사건을 선택하라고 한다면, 그 답은 하나로 귀결될 수밖에 없다. 축구전용구장 준공이다.

열정과 희망을 녹인 꿈의 구장, 스틸야드

오늘날 스틸야드라는 이름으로 굳어진 포항스틸러스의 홈구장은 팀의 탄생이 그러했듯 박태준 포스코 명예회장의 애정과 관심 속에 지어졌다. 축구광이었던 박태준 명예회장은 1986년 멕시코 월드컵 결승전에서 느낀 감동을 쉽사리 놓지 못했다. 아르헨티나가 우승할 당시 경기장에 흩날리던 꽃가루(종이 폭탄)와 열광적인 팬들의 응원이 어우러진 경기장 분위기는 그 자체로 영화보다 더 극적인 재미와 감동을 연출했다. 국내에도 골망을 향해 나아가는 볼의 궤적을 온전히 즐길 수 있는 경기장이 필요하다고 판단한 그는 축구단에 전용구장을 선물했다. 2008년부터 2012년까지 축구단을 맡았던 김태만 전 사장은 포스코에서 30년 간 몸담았던 '인사통'이었다. 전용구장 탄생 비화를 좀 더 생생하게 기억하고 있는 인물이기도 한 그는 과거 인터뷰에서 이렇게 전했다.

"당시 포스코는 광양제철소를 건설하기 위해 자금력을 총동원하던 시절이었다. 기업 전체가 긴축 재정을 펼쳤다. 그런 시기에 주변의 우려와 만류에도 축구단에 전용구장을 선물했다."

축구에 대한 명예회장의 애정과 시대를 앞서간 통찰력이 얼마나 대단했는지 알 수 있는 대목이다. 전용구장은 1988년 착공해 2년여에 걸쳐 완공됐다. 총 공사비 110억 원, 연인원 10만 여명의 공사 인원이 투입된 대공사였다. 총 4만2,700㎡ 부지에 경기장이 차지한 면적은 9,594㎡다. 11월 10일 거행한 준공식에는 황경로 당시 포항제철 부회장 및 정명식 사장과 임직원, 삼성종합건설 대표가 참석했다. 개장을 기념하는 첫 경기는 고려대와 친선경기였다. 이후로 전용구장은 축구 불모지였던 포항과 동해안의 풍경을 영원히 바꿔 놓았다. 한국 축구사를 통틀어서도 하나의 기원이 된 축구장이자 수많은 명승부를 탄생시키고 셀 수 없이 많은 레전드를 배출한 꿈의 구장이 됐다. 문자 그대로 다음 시대와 다음 세대로 이어지는 꿈이 자라는 구장이었다.

포항축구전용구장에 첫발을 내딛는 이는 감탄사부터 내뱉는다. 육상트랙이 없고, 그라운드와 관중석의 거리가 6미터에 불과하다. 문자 그대로 오직 축구만을 위한 최초의 전용구장으로 설계부터 입체감을 고려한 구성이었다. 골망을 향해 나아가는 볼의 궤적을 온전히 즐기는 것만으로도 긴장감과 감동을 극대화할 수 있는 구조다. 땀범벅이 된 선수들이 공을 차고, 잔디 위를 구르고, 거칠게 호흡하는 소리가 생생하게 전달된다. 스틸야드 관중석에서 즐기는 시야와 몰입감은 최신 구장 시설과 비교해도 모자람이 없다. 아래층에서 보는 시야는 눈앞에서 한 편의 쇼를 보듯 생생하고, 위층의 시야는 전술 게임을 즐기는 듯한 압도적 몰입감을 선사한다. 관중석에 지붕을 설치해 여름철에는 햇빛을 가리고, 우천시에도 관전 편의를 도운 것은 시대를 앞서간 장치였다.

지붕에 설치한 조명도 빼놓을 수 없다. 야간 경기를 무리없이 진행할 수 있었던 것은 물론, 야간 경기시 지붕에서 은은하게 내뿜는 불빛은 철강도시의 밤을 밝히는 조호이기도 했다. 개장 당시 이미 헬스장, 탁구장, 매점, 중계실 등 부대 시설을 갖춰 관중과 언론의 편의를 도왔다.

별들의 고향

1990년 개장 당시 전용구장은 아직 하나의 꿈일 뿐이었다. 하지만 경기장 곳곳에 새겨진 영광의 시간과 추억들은 그 자체로 역사가 됐다. 이곳을 거쳐간 스타들의 이름은 레전드로 남았다. 다음 세대 선수들은 이곳에서 꿈을 키우고, 꿈을 이뤘다.

최순호로 시작해 이동국에 이르기까지, 1990년대 포항축구전용구장은 별들의 고향이었다. 이곳을 홈으로 누비는 선수는 당대 최고 혹은 스타 선수라는 보증과도 같았다. 프랜차이즈 스타가 등장한 것도 1990년대였다. 1991년 신인 드래프트 1순위로 포항에 입단한 박태하가 대표적이다. 경북 영덕에서 태어나 강구초등학교에서 축구를 시작한 박태하는 대학(대구대)을 졸업할 때까지 지역의 테두리를 넘어선 적이 없었다. 흔한 청소년대표팀 경험 한 번 없었다. 역설적으로 지역 내에서의 꾸준함이 그를 포항으로 인도했다. 지역내 인접 대학과 종종 연습경기를 갖던 포항의 이회택 감독이 박태하를 눈여겨봤고, 신인 드래프트에서 1순위로 그를 지명했다. 박태하는 입단

첫해부터 주전으로 발돋움했다. 스스로 "필드에서 뛰는 11명 중 7, 8명이 대표 선수였다. 뛸 수 있을 거라고는 언감생심 꿈도 못 꿨는데 출전 기회를 얻었다"면서 "매일 훈련하는 모습을 좋게 봐준 것 같다"고 회고했다. 실제 당시 팀 내에는 최순호, 이흥실, 박경훈, 조긍연, 이기근, 윤성효 등 스타 선수들이 즐비했다. 주로 2선 공격자원으로 활약한 그는 공격 센스와 기동성으로 팀을 지원했다. 데뷔 이듬해 등번호로 받은 17번은 2001년 은퇴 시점까지 그를 상징하는 번호가 됐다. 군 복무 시절을 제외하고 포항에서만 활약한 그는 은퇴를 고민할 무렵 다른 팀으로부터 이적 제의를 받았지만 "다른 팀에서 뛸 바엔 포항에서 마무리하겠다"라며 원클럽맨으로 은퇴했다.

1990년대 스타군단 포항을 상징하는 또 다른 인물은 황선홍과 홍명보다. 1990년 이탈리아 월드컵에서 차세대 스타로 떠오른 둘은 1994년, 1998년 월드컵*을 거쳐 2002년 한일 월드컵에 이르기까지 한국 축구의 공격과 수비를 이끄는 대표적인 스타로 활약했다(*황선홍은 1998년 월드컵 직전 친선경기에서 부상으로 대표팀에서 낙마. 월드컵 본선에서 한국 축구가 부진했던 이유 중 하나가 '황선홍 부재'였다는 사실이 그의 존재감을 방증한다). 이들의 경기력과 스타성은 1990년대를 통과하며 절정에 달했고, 그중에서도 정점이라 할 만한 1990년대 중반까지 이들을 품었던 포항은 '전국구 인기'를 누렸다.

황선홍과 홍명보의 프로 데뷔가 순탄했던 것은 아니다. 당시 프로축구는 드래프트 제도를 통해 신인 선수를 수급했는데, 선수의 직업(직장) 선택권이라는 자유를 제한했다. 드래프트 1순위로 선발돼도 계약금(3,000만 원)과 연봉액(1,560만 원)에 상한선이 있었다. 선수들의 실제 몸값과 규정상 몸값이 크게 달랐다. 포항은 드래프트를 거치지 않고 둘의 입단을 추진했다. '드래프트를 거치지 않아도 2군 선수로 입단이 가능하며, 이 경우 3년 후에는 1군 선수로 등록할 수 있다'는 프로축구선수관리세칙 제 14조3항을 활용했다. 그러나 포항제철을 제외한 나머지 5개 프로구단에서 '1군, 2군 선수 모두 드래프트를 거쳐야만 프로팀 입단이 가능하다'라는 단장회의 결의 내용을 들어 스카우트 편법 의혹을 제기했다. 이 사건은 '드래프트 파동'으로 명명돼 축구계를 들끓게 했다. 결국 두 선수는 프로 입단을 보류했다. 포항제철은 둘에게 축구 유학의 기회를 제공했고, 황선홍은 독일

유학길에 올랐다. 홍명보는 상무로 입대했다.
두 선수는 1992년(홍명보)과 1993년(황선홍) 차례로
포항 유니폼을 입었다. 1992년 유공의 1지명으로 프로에
입문한 홍명보는 1대3 트레이드로 포항제철에 입단했다.
포항제철은 국가대표 조정현과 김진형, 유망주 이석경을
유공에 넘겼다. 황선홍은 1993년 드래프트에서 신생팀
완산푸마에 1순위로 지명된 뒤 1대8 트레이드를 거치고야
포항으로 향했다. 포항은 황선홍을 데려오는 대신 이흥실과
이기근 등 팀의 주축 멤버를 포함해 이태형, 유승관, 유영록,
강영호, 백태현, 김종록 등 8명을 완산푸마에 보냈다. 선수
확보가 필요한 신생팀과 황선홍을 원한 포항의 이해관계가
맞아떨어졌다. 사실상 프로축구사에 다시 없을 대규모
트레이드였다.
홍명보는 1992년 데뷔 첫해 프로축구 신인상과 MVP를
수상했다. 그해 포항제철은 프로축구대회에서 우승했다.
1990년대 들어 첫 우승이었다. 1995년에는 국내
프로축구사상 첫 억대 연봉 선수가 되는 것으로 다시 한 번
경계를 허물었고, 1997년 5월 이적료 11억 원을 팀에 안기며
J리그 벨마레 히라츠카로 이적했다. 황선홍은 1994년 미국
월드컵까지 부상과 대표팀 차출 등으로 팀에 크게 기여하지
못했으나 1990년대 중후반 진정한 스타로 거듭났다.
1995년-1996년 연속으로 두 자릿수 골을 기록했다.
K리그에서 다소 아쉬웠던 기록은 훗날 감독으로 다시 돌아온
포항에서 완결점을 찍는다.
한편 이 시기 황선홍과 함께 '환상의 콤비'로 활약했던
외국인 공격수가 있다. 유고 출신 라데다. 유고 내전
발발 후 화염에 휩싸인 고향을 등지고 극동의 한국으로
향한 라데는 국내 프로축구에서 '코리안드림'을
실현한 1세대다. 황선홍이 대표팀 차출 등으로 팀을
비울 때 라데는 그 공백을 해결한 간판 공격수였고,
황선홍과 함께할 때는 득점과 도움을 주고받는 완벽한
파트너였다. 요즘 축구에 빗대자면 토트넘홋스퍼의
해리 케인과 손흥민 같은 관계였다. 라데는 1992년부터
1996년까지, 실력과 함께 탁월한 쇼맨십으로 팬들의
사랑을 받았다. 이후 제프유나이티드이치하라(일본)-
아틀레티코마드리드(스페인)-NAC브레다(네덜란드)-
베르더브레멘-아르미니아빌레펠트(이상 독일) 등을 거쳤다.
한국에서 유럽으로 역진출한 외국인 1호라고 볼 수 있다.
라데와 황선홍, 그리고 홍명보로 이어지는 포항을 두고

부천유공의 발레리 니폼니시 감독은 "셋이 한꺼번에 서면
그라운드가 가득 차는 느낌"이라며 그 존재감에 찬사를
보내기도 했다.
그리고 이들의 활약상을 눈에 담으며 자라나는 유망주가
있었다. 1998년 고졸 신인으로 포항에 입단한 이동국이다.
포항에서 태어난 이동국은 포철동초-포철중-포철공고로
이어지는 포항 유스 체계에서 성장했다. 유스시스템이
제도화하기 전이었지만 구단이 공을 들여 키운
유망주였다는 사실에는 변함이 없다. 이동국은 1997년 고교
대회 득점왕과 MVP를 차지하며 '제2의 황선홍'으로 기대를
모았다. 포항은 1998년 대대적인 리빌딩을 앞두고 고교선수
우선지명으로 포철공고의 이동국을 영입했다. 이동국에게
제시한 계약금 1억5,000만 원은 당시 고졸선수 계약금으로
역대 최고액이었다. 이동국은 3월 21일 아디다스코리아컵
천안전에서 프로 데뷔를 신고했다. 대선배 황선홍과
함께였다. 포항과 한국 축구의 스트라이커 계보를 잇는
'현재와 미래'의 동시 출격에 스틸야드가 환호한 날이었다.

독립법인 출범과 연고 정착의 시대

1995년은 포항 축구사의 새로운 분기점이 되는 해였다.
모기업 지원금 100퍼센트로 운영되던 축구단이 별도 법인화
작업을 통해 독립 구단으로 재창단했다. 포항을 기반으로 한
지역 연고팀으로 정착하겠다는 의지였다. 프로축구팀 전환

확립한 포항은 진정한 프로 시대를 선도한 팀이 됐다. 이 시기 프로축구사에서도 큰 전환이 일어났다. 연고지 정착을 위한 제도화에 집중하던 때였다. 팀명 앞에 지역명을 붙이도록 했다. 대부분 축구단이 기업 홍보 수단으로 운영되던 시기인 만큼 지역명을 붙여 쓸 경우 기업명을 가린다는 (기업 내)거부감도 만만치 않았다. 그러나 태생부터 지역과 떼려야 뗄 수 없는 이름으로 시작한 포항제철은 이런 논란에서 자유로웠다. 자연스럽게 충성도와 애정도가 높은 팬들을 확보한 팀이었다. 아무리 스타가 즐비한 팀이 방문하더라도 홈관중의 응원은 포항에 집중됐다. 때때로 이런 일방적인 열기는 상대에 엄청난 압박감을 줬다. 1990년대 말 포항을 찾은 수원의 한 관계자는 "포항 원정 경기만 오면 닭장에 우리 선수들을 몰아넣고 쫓아 대는 기분"이라고 표현하기도 했다.

1997년 포항은 포항제철아톰즈에서 포항스틸러스로 구단명을 변경했다. 아톰은 일본 애니메이션 시리즈의 주인공으로 당시 국내에서도 인기를 끈 캐릭터였다. 아톰이 철로 만들어진 로봇이라는 점에서 철강기업인 모기업과 연관성을 찾을 수 있지만, 한국 사회가 저작권에 대한 인식이 없던 시절을 지나 문화 중흥기에 접어들면서 팀명 재고에 관한 요청이 안팎에서 끊임없이 제기됐다. 포항은 아톰즈라는

11년 만에 주식회사 삼일을 비롯해 지역 내 37개 회사에서 주주사로 참여했다. 포항제철이 16.7퍼센트 지분을 갖고 나머지 83.3퍼센트는 지역업체와 법인이 참여하는 구조였다. 1994년 10월 25일 단독 법인화를 선언하고 1995년 5월 29일 결실을 맺었다. 프로팀으로 정체성을

이름을 버리고 시민과 함께 구단 명칭 및 마스코트 공모전을 펼쳤다. 총 598편의 응모작 중 '포항스틸러스'를 새로운 팀 이름으로 채택해 지금까지 유지하고 있다.

이 시기에 앞서 또 하나 의미있는 '명명식'이 이뤄졌다. 전용구장에 애칭이 생겼다. PC통신 하이텔 축구동호회 내에서 활동하던 포항 팬클럽에서 이승수 당시 회장이 "우리도 홈구장에 애칭을 붙여보면 어떨까?"라고 발저한 것이 시작이었다. 곧 몇 가지 아이디어가 등장했다. 투표를 통해 '스틸야드'가 팬들의 낙점을 받았다. 풀이하자면 '제철소의 뜰' 정도가 될 텐데, 팀의 탄생 배경과 물리적인 위치를 결합한 정체성으로 그만한 것이 없다는 것이 중론이었다. 국내 축구장에 애칭이 붙은 첫 사례였다. 흥미로운 사실은 팬들이 부르기 시작한 이름을 구단에서 받아들여 공식화했다는 것이다. 처음에는 경기 안내 플래카드 등에 경기장소를 스틸야드(포항전용구장)로 병기하는 정도였으나 2000년대 중반 '포항스틸야드'를 프로축구연맹과 기사 등에 써달라고 요청하면서 공식화했다.

K리그 넘어 아시아로… 별은 내 가슴에

1990년대 포항은 화려한 선수 구성과 화끈한 축구로 팬들의 사랑을 받았다. 매 시즌 우승 후보로 손꼽히는 팀이기도 했다. 포항은 1992년 세 번째 정규리그 우승컵을 들어올렸다. 우승을 지휘한 이회택 감독은 "지도자 생활 중 가장 어려운 해였다"면서 "오랫동안 기억에 남을 우승이었다. 말할 수 없이 기쁘다"라는 말을 남기고 감독직에서 물러났다. 그는 포항제철 총감독으로 승진했다.

이회택 감독으로부터 지휘봉을 넘겨받은 감독은 허정무였다. 허정무 감독은 데뷔 시즌이었던 1993년, 아디다스컵 우승을 이끌면서 포항의 진열장에 트로피를 추가했다.

1990년대 중후반에는 프로축구 울타리를 넘어 새로운 타이틀을 챙기기 시작했다. 1996년 포항 5대 감독으로 부임한 박성화 감독이 1996년 FA컵 원년 우승을 이끌었다. 대한축구협회에서 창설한 FA컵은 9개의 프로팀, 3개의 실업팀, 그리고 4개의 대학팀이 참가해 한국 성인축구의 최강자를 가리는 무대였다. 결승에 오른 포항은 수원을 상대했다. 경기는 양보 없는 공방 끝에 승부차기까지 가는 접전으로 이어졌다. 포항은 골키퍼 드라간의 선방 활약에 힘입어 7-6 승리로 원년 챔피언이 됐다.

1997년에는 팀 역사상 처음으로 아시아 왕좌에 올랐다. 아시아클럽선수권(AFC 챔피언스리그 전신)에서 동아시아 4강에 오른 뒤 4강리그에서 결승 진출에 성공했다. 결승 상대는 한국의 천안일화였는데, 포항은 시종일관 상대를 압박하며 점유율에서 우위를 보였다. 박태하의 선제골로 앞서 나간 포항은 후반 33분 천안 홍종경에게 동점골을 내줬지만 연장전에서 탁지호의 페널티킥 득점으로 우승했다. 연장전에서 먼저 득점하는 팀이 이기는 골든볼 제도가 적용되던 때여서 더 극적인 우승이었다. 1998년에는 대회 2연패에 성공했다. 조별리그에서부터 이동국, 백승철 등 신예들의 활약이 빛났다. 4강전 0 후 고비에서는 박태하 등 베테랑들의 득점이 이어졌다. 결승에서 다롄완다(중국)를 만난 포항은 연장전까지 득점 없이 팽팽한 균형을 이뤘지만 승부차기에서 6-5로 승리했다. 5-5 상황에서 마지막 키커로 나선 자심이 침착한 마무리로 대미를 장식했다.

1990년대를 더욱 특별하게 만드는 풍경은 축구장에 등장한 팬덤이다. 1990년대는 출판, 문화, 예술, 스포츠 등 한국 사회 전반에 걸쳐 폭발적인 개화가 일어난 시기였다. 아날로그에서 디지털로 넘어가는 과도기에 PC통신과 인터넷의 발달로 지역과 시간의 경계를 뛰어넘는 교류가 시작됐다. 축구에서도 그런 움직임이 생겼다. 삼삼오오 소규모부터 기백의 대규모에 이르기까지 국내 프로축구팀 팬클럽이 차례로 탄생했다. 포항도 예외는 아니었다. 하이텔축구동호회 주축으로 온라인에서 오프라인으로 활동 영역을 확장한 포항 팬클럽은 이후 천리안, 나우누리, 유니텔 축구동호회 내 포항 팬클럽과 연합해 경기장을 채웠다. 경기가 있는 날이면 전국 각지에서 포항으로 팬들이 향하기 시작했다. 골대 뒤편을 서포터즈존으로 삼아 90분 내내 선수들과 함께 호흡하며 응원하는 문화가 생겼다.

팬덤은 단순히 열성적인 응원 구호나 퍼포먼스 등 구경거리를 제공한 것이 아니었다. 밀도 높은 역사를 만들었다. 바로 명승부의 탄생이다. 1990년대 중반부터 축구장 양쪽 골대 뒤에 홈팀과 원정팀의 팬들이 자리하는 것으로 명백히 '나와 적'이 구분되는 분위기가 형성됐다. 자연스럽게 승패에 대한 몰입도가 높아지는 흐름이었다. 경기 몰입도가 커질수록 경기력도 높아질 수밖에 없었다. 관중들이 즐거워할 만한 개성 넘치는 셀러브레이션이 쏟아진 것도 이 시기다. 라데는 유니폼을 뒤집어 쓰고 달리는 일명 '마스크 세리머니'를 선보였다. 수원의 박건하는 골을 넣을 때마다 유니폼 깃을 세웠고, 고종수는 덤블링으로 묘기를 보였다.

팬덤의 등장과 열광적인 응원 열기는 필연적으로 양보 없는 승부를 연출했다. 그중에서도 프로축구사에 오래도록 회자하는 명승부는 1995년 챔피언결정전이다. 당시 프로축구 정규리그는 전기리그 우승팀과 후기리그 우승팀을 가린 후 챔피언결정전에서 최종 승자를 가리는 방식이었다. 후기리그 우승팀이었던 포항은 전기리그 우승팀 일화와 챔피언결정전을 3차전까지 끌고 가는 접전을 벌였다. 동대문운동장(일화 홈)에서 열린 1차전에서는 1-1로 비겼다. 포항에서 열린 2차전에서는 홈팀 포항이 일화를 압도했다. 전반에만 황선홍과 라데가 2골을 합작하며 2-0으로 리드했다. 그러나 후반 일화에 연달아 3골을 내주며 역전을 허용했다. 종료까지 얼마 남지 않은 시간, 물러서지 않은 포항은 후반 42분 노태경이 올린 프리킥을 라데가 달려들며 정확도 높은 헤더로 다시 동점골을 만들었다. 관중석은 90분 내내 큰 함성과 장탄식을 거쳐 열광적인 환호성으로 들썩였다. 2차례 경기에도 승부를 가리지 못한 두 팀은 중립 지역인 안양에서 3차전을 치렀다. 앞서 격전을 벌인 포항에는 전력 누수가 있었다. 홍명보가 부상을 입었고, 황선홍과 노태경은 경고 누적으로 출전하지 못했다. 전력 공백이 없던 일화에 맞서 90분간 팽팽한 균형을 유지했지만, 연장전에서 교체 선수 이상윤의 골든골에 무릎 꿇고 말았다.

1998년 울산과의 플레이오프는 지금까지도 한국 프로축구사상 가장 치열했던 명승부로 손에 꼽히는 경기다. 포항에서 열린 플레이오프 1차전에서 선제골을 넣은 팀은 울산이었다. 전반 16분 정정수에게 프리킥으로 득점을 허용했다. 불안한 출발을 보였던 포항은 후반 12분 오명관이 동점골을 뽑아내며 승부를 원점으로 돌렸다. 후반 44분 최문식이 역전골에 성공하자 스틸야드는 승리를 확신하는 함성으로 가득찼다. 그러나 추가 시간이 적용된 후반 48분 울산 김종건이 재동점골을 터뜨렸다. 수요일 저녁 경기였음에도 경기장을 채운 1만7,216명의 관중은 승리를 포기하지 않았다. 선수들도 마지막까지 힘을 냈다. 경기 종료 직전 주어진 프리킥 기회가 사실상 마지막 공격 기회였다. 킥을 준비하던 서효원이 공을 살짝 뒤로 밀어주었고, 달려들던 백승철이 정정수의 깊은 태클을 피해 골문을 바라봤다. 그리고 지체없이 오른발 슈팅을 시도했다. 백승철의 발을 떠난 공은 그대로 울산의 오른쪽 골문을 찢었다. 호쾌한 슈팅으로 이동국과 함께 1998년 신인 돌풍을 주도했던 백승철은 가장 중요한 승부처에서 진가를 입증했다.

| 1973~1982 | 1983~1989 | **1990~1999** | 2000~2009 | 2010~2019 | 2020~ |

사흘 뒤 울산에서 열린 플레이오프 2차전은 챔피언결정전으로 가는 마지막 관문이었다. 이번에도 울산이 김현석의 프리킥으로 먼저 득점했다. 포항이 따라붙었다. 후반 40분 박태하가 고정운의 어시스트로 동점골에 성공했다. 그대로 지키기만 해도 포항이 챔피언결정전으로 향할 수 있었다. 그러나 승부의 향방은 이번에도 마지막 순간에 갈렸다. 후반 45분 프리킥 기회를 잡은 울산이 총공세를 펼쳤다. 사실상 마지막 공격 기회였던 만큼 골키퍼 김병지까지 골문을 비우고 포항 진영으로 올라섰다. 김병지는 김현석의 프리킥을 헤더로 연결하며 극장골을 만들었다. 예상치 못한 김병지의 일격에 포항은 망연자실했다. 1, 2차 합산 스코어 4-4로 경기는 연장으로 들어갔다. 연장전에서도 균형을 깨지 못한 양팀은 승부차기에 돌입했다. 포항은 고정운과 백승철의 실축으로 챔피언결정전으로 향하는 티켓을 울산에 넘겨줬다. 비록 승부는 울산에 내줬지만 포항은 프로축구에서 가장 멋진 축구를 하는 팀이라는 찬사와 박수를 받았다. 이후 포항과 울산은 엎치락뒤치락 결정적 승부처에서 서로의 발목을 잡는 강력한 라이벌이 된다. 2000년대 들어 김병지가 포항으로 이적하고 울산을 상대로 맹활약하면서 이런 라이벌전은 더 격화했다. '동해안 더비'로 명명된 양팀의 라이벌전은 지금까지도 수많은 명승부와 후일담을 만들어내고 있다. 프로축구가 그 어느 때보다 폭발적인 확장성을 보이던 1990년대, 포항의 홈구장 스틸야드에는 날마다 별이 반짝였다. 진열장을 채운 트로피, 훗날 레전드로 불릴 스타들이 수놓는 그라운드 풍경과 함께 영원히 끝나지 않을 것 같은 찬가가 스틸야드의 밤을 돌고 돌았다.

글 **배진경**

그렇게 프로가 되었다

박태하

인터뷰 **배진경**

"그 시절로 다시 돌아가면 또 한 번 신나게 뛸 수 있을 것 같다." 30년 전의 추억을 떠올리는 얼굴에 잔잔히 미소가 번졌다. 새로운 별이 뜨고 지던 1990년대, 박태하는 꾸준하고 성실하게 그라운드의 불을 밝힌 또 다른 별이었다.

1990년대 포항 축구를 떠올리면 어떤 느낌인가?
축구의 성지. 모든 선수들이 가고 싶어하는 팀이었다. 특히 전용구장 개장 당시 멤버였다는 것에 자부심이 크다. 내가 1991년 입단인데 그해 포항이 국내 처음으로 전용구장 시대를 열었다. 경기장 뿐만 아니라 선수단도 초호화였다. 나는 어촌에서 태어나 시골에서 자란 사람이다. 텔레비전으로만 보던 사람들과 축구를 함께한다는 게 실감 나지 않았다. 포항에 입단하게 됐지만 덜컥 겁이 났다. 팀에 합류하니까 더 큰 산을 마주한 느낌이었다. 최순호, 최상국, 이기근, 이흥실, 유동관, 유병모, 김상호…… 대표급 선수들이 일고여덟 명 있었다. 내가 뛸 기회를 얻을 거라고는 상상도 못했다. 첫 동계훈련 때 꾀를 냈다. 발목이 조금 아팠는데 부상이라는 핑계를 대고 집으로 도망갔다. 집에서 일주일 정도 쉬면서 마음을 정리했다. 내가 잘하는 걸 밀고 가기로. 일찍 자고 일찍 일어나는 습관이 몸에 밴 사람이라 일찍 일어나 훈련을 시작했다. 그걸 코칭스태프에서 좋게 봐줬다. 그 덕에 쟁쟁한 멤버들 사이에서 뛸 기회를 얻었다.

1990년대 포항은 별들의 고향이었다. 1990년대 중후반 주장직을 맡아 그 별들을 이끌었는데?
'이끌었다'고 표현하기는 좀 그렇다. 다 동료고 선후배라 권위를 내세울 필요도 없었다. 선수들이 경기장에서 좋은 결과를 가져올 수 있도록 좋은 분위기를 유지하는 데 신경 썼다. 1990년대 초반에는 프로팀이 5, 6팀 뿐이었다. 그 숫자가 10개로 늘었지만, 절대적으로 많은 숫자는 아니었다. 팀이 적으니 프로 선수가 되는 것만으로도 국내에서 손에 꼽히는 실력자들이라고 볼 수 있었다. 내가 잔소리를 할 필요가 없었다는 얘기다. 또 포항제철 소속이라면 누구나 팀에 대한 자부심과 애정이 있었다.

거둔 성과 중 아시아클럽챔피언십(AFC 챔피언스리그 전신) 2연패가 단연 돋보인다. 1997년 우승 당시

득점왕에도 올랐다.
요즘이면 정말 엄청나게 이슈가 됐을 텐데 당시엔 별 관심이 없었다(웃음). 요즘처럼 조별리그부터 홈 앤드 어웨이로 경기를 치르지 않고 스테이지마다 AFC 지정권역에 모여 경기했다. 1996-97시즌 결승전에 오른 팀은 포항과 천안일화였다. 결승전에서 내가 골을 넣었다. 동점골을 내줬는데 연장전에서 골든골(박지호 페널티킥 득점)로 우승했다. 1997-98시즌에는 중국 다롄완다와 결승에서 만났다. 승부차기로 우승했는데, 그보다 밤 11시에 경기했던 게 기억에 남는다. 당시 결승전을 치른 홍콩이 너무 더웠기 때문이다(웃음).

경기장에 서포터즈 같은 팬덤이 등장한 시기이기도 하다.
지금은 골대 뒤 팬들이 있는 풍경이 흔하지만 처음 등장했을 땐 문화충격 같은 느낌이었다. 프로 선수들이 흔히 팬들을 위해 뛰겠다고 하지만, 정말로 팬들을 의식하면서 뛰기 시작했던 건 서포터즈가 등장하면서다. 말 그대로 '축구를 더 잘해야겠다'고 생각했다. 긴장감도 생기고 경기에도 몰입하게 됐다. 몸 관리에 더 신경쓰기 시작했다. 팬들이 많이 생기다 보니 말과 행동을 조심하게 되고, 축구장 밖에서도 프로 선수로 하지 말아야 할 것은 철저히 가리기 시작했다. 돌이켜보면 그때부터 선수들에게 진짜 프로의식이라는 게 생겼던 것 같다.

명승부가 많이 탄생한 시절이기도 하다.
관중이 많이 늘어나면서 경기에 대한 선수들의 몰입도가 달라졌다. 역시 기억에 남는 건 1995년 챔피언결정전과 1998년 플레이오프다. 1995년도 대단했지만 1998년 K리그 플레이오프도 기억에 생생하다. 당시 울산과 플레이오프 1차전을 홈에서 치렀다. 나는 그날 결장이라 관중석에서 봤다. 수요일 야간 경기였는데도 관중들이 꽉 들어찼다. 관중석에 빈 자리가 없어 계단에서 보는 팬들도 있었다. 극적으로 이기고 2차전에 원정을 갔다. 2차전에서는 내가 뛰어서 골도 넣었다. 그런데 김병지한테 그 역사적인 골을 먹고 승부차기에서 졌다. 대단한 승부였다.

1990년대 포항의 최대 라이벌은?
(부산)대우도 화려한 멤버들을 보유한 팀이었고 울산도 좋은 팀이었다. 그래도 한 팀을 꼽으라면 (천안)일화다. 1990년대 주요 타이틀을 챙기는 결정적 고비에서 만나는 팀은 거의 일화였다. 우리와 색깔도 달랐다. 일화는 조금 투박하고 거친 팀이었지만 늘 승부의 끝까지 남아있는 팀이었다. 호적수였다.

통신사 모델로 광고도 찍었다. 막전막후를 공개한다면?
지금 생각해도 내가 어떻게 광고를 찍었을까 싶다. 그때 신세기통신(017) 모델이 김희선이었다. 나한테 출연 기회가 오다니 꿈같았다. 포항제철이 대주주인 통신사였고 마침 내 등번호가 17번이라 운 좋게 광고 모델이 됐다. 사흘 동안 야간에 촬영했다. 나랑 같이 출연할 엑스트라로 열다섯 명 정도가 필요했는데, 그때 후배들이 서로 "촬영장에 나를 데려가라"고 했던 게 기억난다. 그렇게 찍어 놓고 정작 광고가 방영될 때는 제대로 보지도 못했다. 너무 부끄러워서(웃음).

1999년 팀 부진에 삭발을 자처했다. 이후 선수들이 따라서 삭발하기도 했다.
주장으로서 할 수 있는 게 없었다. 선수들을 모아 회식도 하고 대화도 나누고 여러 방법을 썼는데 경기가 잘 안 풀렸다. 삭발은 마지막 카드였다. 나름대로 굳은 결의를 보여준 거다. 지금 생각하면 '왜 머리한테 화를 푸나?' 싶은 행동이다.

2020년대 포항은 그 시절과 같은 환경이 아니다.
그래도 역사와 전통이 있으니까 좋은 분위기를 유지하고 있다. 무엇보다 좋은 감독이 있다. 선수들이 좋은 시절을 보내고 있다고 생각한다. K리그에 비슷한 능력을 가진 선수가 여러 명이라도 사람들은 좋은 성적, 높은 순위에 있는 팀 선수들을 더 눈여겨본다. 프로니까 결국 가치와 상품성으로 평가가 될 수밖에 없는데, 자신의 상품성을 올려주는 감독을 만나는 것은 행운이다. 창단 50주년에 마침 우승 싸움을 하고 있는 것도 보기 좋다. 늘 애정과 관심을 갖고 지켜보는 팀이다.

1990's PERFECT XI — 박태하's PICK

황선홍(이동국) 라데
박타하 이흥실 최문식(J.심) 백승철
권형정 홍명보 안익수(이영상) 나승화(노태경)
김이섭(GK)

2000 ——— 2009

CHAPTER 4

THE
STEELERS WAY

스틸러스 웨이

THE STEELERS WAY

한국 축구를 대표하는 스타플레이어들의 가장 큰 지향점이자 목표였던 포항은 2000년대에 들어 새로운 도전을 시작했다. 홍명보, 하석주, 김병지, 김기동, 우성용, 이민성, 이동국 등이 21세기에도 스틸야드를 빛내는 별로 그라운드 위에서 반짝였지만, 포항은 한국 축구가 가보지 못한 영역을 향해 다시 한번 이정표를 세웠다. 스스로 최고의 선수를 만들어 내 포항만의 축구를 하겠다는 거대한 꿈이었다.

'자원(資源)은 유한(有限), 창의(創意)는 무한(無限)'이라는 포스코의 인재경영 이념과 궤를 같이 한 이 도전은 1990년대 말부터 2000년대 초반까지 부침을 겪던 포항을 다시 국내 정상으로 돌아오게 만들었다. 2007년부터 3년 연속 국내 타이틀을 가져오며 트로피 장식장을 채웠고, 2009년에는 AFC 챔피언스리그 우승으로 아시아 정점에 섰다. 클럽월드컵에 출전해 세계를 놀라게 한 포항의 전진은 '스틸러스 웨이'라는 클럽 철학으로 이어졌다. 세계로 나아가는 초석, 그 시작점은 인프라와 시스템에 대한 투자였다.

최초의 클럽하우스, 무한한 꿈을 현실로 만들다

포항은 실업 축구 시대부터 한국 축구를 선도했다. 최고의 선수단을 갖추는 데 그치지 않았다. 최고의 인프라를 최선두에서 일궈냈다. 한국 최초의 축구전용구장을 세우고 꼭 10년 뒤인 2001년, 한국 최초의 클럽하우스도 만들었다. 유럽의 유수 구단에서만 볼 수 있었던 클럽하우스 개념이 드디어 한국프로축구에도 등장한 것이다.

2000년 3월 2일 첫 삽을 뜬 클럽하우스는 2001년 1월, 포항시 북구 송라면에 자리 잡았다. 공사비는 80억 원. 비슷한 시기 건립된 국가대표팀 훈련장인 파주국가대표트레이닝센터가 90억 원의 예산으로 공사 중이었던 점을 감안하면, 구단의 투자가 얼마나 과감했는지 실감할 수 있다.

클럽하우스는 천연잔디구장 2면과 인조잔디구장 1면에 조명탑을 설치해 늦은 시간에도 훈련할 수 있도록 했다. 1인 1실 구조의 44개 방, 팀 전력 회의실, 선수단 휴게실, 웨이트 트레이닝센터, 샤워 시설, 식당 등 기량 향상을 위한 시설을 완비했다. 차동해 사장과 최영만 단장은 이전까지만 해도 선수단 숙소 정도로 정의되던 훈련 인프라의 한계를 깼다. 준비, 훈련, 휴식에 별도의 이동이 필요 없어 선수단이 기량 발전에 온전히 집중할 수 있었다. 클럽하우스는 포항의 백년대계를 위한 중요한 동력실이었다.

1980년부터 관심을 기울인 유스시스템은 2000년대 본격 가동을 시작했다. 시스템을 통해 성장한 유망주는 프로 무대에 올라 체계적으로 기량을 끌어올렸다. 그 결과 21세기 포항은 자체 시스템을 통해 성장한 선수가 팀의 주축이 되는 선순환 구조로 팀의 방향성을 재정립할 수 있었다.

눈앞에서 놓친 우승, 인고의 시간을 견디다

1997년과 1998년 아시안클럽챔피언십(AFC 챔피언스리그 전신) 2연속 제패 이후 포항은 인고의 시간을 보냈다. 2000년 초반 4연승의 순항을 잇지 못하고 6월 들어 4연패에 빠졌다. 7월 들어서도 상황은 크게 호전되지 않았고, 급기야 홈에서 부천SK에 0-4로 패하자 결국 박성화 감독이 물러났다. 포항은 최순호 2군 코치를 감독대행으로 임명해 팀 재정비에 나섰지만 시즌 막판 4연패를 당하며 창단 후 가장 부진한 최종 성적 9위로 정규 리그를 마감했다.
2001시즌을 앞두고 포항은 명예 회복을 외치며 적극적인 선수 영입에 나섰다. 일본 J리그 빗셀고베에서 맹활약 중이던 하석주를 계약금 2억 원, 연봉 1억 원에 영입했다. 국가대표 골키퍼 김병지도 깜짝 영입했다. 당시 K리그 최고 이적료 5억 5,000만 원에 계약금 3억 원, 연봉 1억 2,000만 원을 투자한 특급 영입이었다. 독일 베르더브레멘으로 임대 이적한 이동국의 공백은 마케도니아 출신 공격수 코난을 영입해 메웠다. 신인 드래프트를 통해 영입한 미드필더 김상록도 큰 기대를 모았다.
정규리그에서 포항은 하석주, 박태하, 김병지 등 베테랑의 활약을 앞세워 7월 중순 1위에 올랐다. 하지만 8월 말부터 9월 말까지 7경기에서 3무 4패를 기록하는 부진에 빠져 최종 성적은 5위에 그쳤다. 27경기 중 11경기에서 기록한 무득점이 숙제였다. FA컵에서는 특급 조커 윤보영의 3경기 연속 골에 힘입어 한남대, 부산, 울산을 차례로 꺾으며 준우승을 차지했다. 대전이 파란을 일으키며 이변의 주인공이 됐다.
2002년 포항은 홍명보의 복귀로 또다시 화제를 모았다. 정식 사령탑에 취임한 최순호 감독은 홍명보, 하석주, 김병지가 이끄는 국가대표 수비라인에 기대를 걸었다. 월드컵 4강 신화를 달성하고 금의환향한 홍명보는 재개된 정규리그 첫 홈경기에서 2만8,361명 관중 앞에서 복귀전을 치렀다. 정규 리그 초반 선두 경쟁을 하던 포항은 이후 득점력 부재로 승점을 더디게 쌓았다. 9월에는 이동국마저 아시안게임 참가로 빠지며, 결국 9승 9무 9패 6위로 정규리그를 마쳤다. FA컵에서는 당시 최강 전력이던 성남일화를 제압하며 2년 연속 결승에 올랐지만 수원삼성에 0-1로 패하며 또 한 번 눈물을 삼켜야 했다.
2003년 포항은 변화가 불가피했다. 이동국은 상무 입대를 택했고, 홍경보는 은퇴 후의 미래를 위해 LA갤럭시로 이적했다. 공격과 수비의 중심이 되어 줄 선수로 포항은 우성용과 이민성을 택했다. 동시에 월드컵 4강 신화의 조력자였던 박항서 수석코치를 영입해 최순호 감독을 돕게 했다. 포항은 44경기를 치르는 긴 레이스 초반 부진했다. 11경기에서 3승 2무 6패를 기록하자 시즌 도중 브라질 바스코다가마의 주전 센터백 산토스를 급히 영입했다. 수비에 안정감이 더해진 포항은 6월부터 14경기 연속 무패(7승 7무)를 달렸다. 두 번째로 낮은 팀 실점을 기록하는 등 수비는 한숨을 돌렸으나, 공격이 끝까지 터지지 않으면서 결국 7위로 시즌을 마쳤다.
무관의 시간이 길어지자 2004년 포항은 '부활 2004'를 캐치프레이즈로 내걸었다. 부활을 위해 브라질 미드필더 따바레즈와 공격수 까를로스를 영입, 산토스와 삼바 트리오를 구축했다. 포항은 전기리그 초반 7경기에서 6승을 챙기며 일찌감치 치고 나갔다. 결국 1995년 후기리그 우승 이후 9년 만에 정상을 밟았다. 4강 플레이오프 진출을 조기 확정한 포항은 후기리그를 전술 강화와 젊은 선수 기용에 할애했다. 후기 리그에서 2승을 거두는 데 그쳤지만 황지수, 황재원 등 미래 자원을 발굴했고 신화용, 황진성, 오범석, 박원재 같은 유스 출신 신예들이 충실히 경기 경험을 쌓았다. 4강 플레이오프에서 라이벌 울산을 꺾은 포항은 챔피언결정전에서 수원을 만났다. 홈에서 열린 1차전에서 0-0 무승부를 기록한 포항은 적진에서 열린 2차전에서도 무득점 두승부를 기록했다. 결국 승부는 당대 최고의 골키퍼인 김병지와 이운재의 대결로 넘어갔다. 승부차기에서도 팽팽한 싸움이 이어졌지만 5번 키커로 나선 김병지의 슛이 이운재에게 막히며 포항은 12년 만의 우승 도전을 문턱에서 멈춰야 했다.

파리아스 매직, 15년의 기다림에 응답하다

포항은 미래를 위한 결단을 내리며 2005년을 맞았다. 선진 축구와의 접점을 만들어 포항과 한국 축구의 새 발전을 이끌겠다는 목표 아래 외국인 감독 선임을 추진했고, 브라질 출신 세르지오 파리아스 감독을 낙점했다. 브라질 연령별 대표팀 감독 출신으로 2004년 자국 최우수 지도자 4인에 선정되기도 한 파리아스 감독은 K리그 최초의 브라질 사령탑이었다. 전남에서 K리그에 성공적으로 적응한 이따마르, 브라질과 러시아에서 검증을 마친 다실바를 영입해 기존의 산토스, 따바레즈와 함께 한층 강력한 브라질 커넥션을 구축했다.

2005년은 파리아스 감독이 가능성을 증명해야 하는 해였다. 1년 단기 계약으로 지휘봉을 잡은 그는 프리시즌 대회인 A3 닛산챔피언스컵을 통해 데뷔했다. 한, 중, 일 프로 축구 강자가 나서는 대회에서 포항은 1승 2무로 준우승을 차지했다. 공격 축구를 천명한 파리아스 감독의 색깔도 드러났다. 리그컵인 하우젠컵에서 4승 8무로 3위를 차지한 포항은 정규리그에서 치열한 경쟁을 했다. 전기리그에서 부산, 인천, 울산과 선두권을 형성한 포항은 마지막 서울 원정에서 패하며 1위 부산에 승점 4점 뒤진 4위를 기록했다. 후기리그에서도 꾸준한 경기력을 발휘하며 최종전까지 4강 플레이오프 진출 가능성을 쥐고 있었다. 하지만 경우의 수는 포항 편이 아니었다. 최종전에서 성남과 무승부를 기록하며 후기리그 6위, 통합 5위로 시즌을 마감했다.

플레이오프 진출에는 실패했지만 빠르고 박진감 넘치는 공격 축구로 좋은 평가를 받은 파리아스 감독은 재계약에 골인했다. 2006년 포항은 파리아스 감독 색채를 더 확실히 입혔고, 젊은 선수 중심의 팀으로 거듭났다. 황지수, 황재원, 황진성의 3H 라인에 신화용, 정성룡 두 수문장이 김병지가 떠난 자리를 메웠다. 전기리그에 포항은 상무에서 돌아온 이동국이 4경기 연속 골을 기록하며 초반 흐름을 이끌었다. 그러나 4월 5일 인천을 상대로 한 홈경기에서 십자인대 파열이라는 큰 부상을 입으며 전열에서 이탈했다. 중원 사령관 김기동마저 열흘 뒤 부상을 당했다. 위기에도 포항은 무너지지 않았다. 차곡차곡 승점을 쌓았고 전기리그와 후기리그 모두 2위에 올랐다. 챔피언결정전으로 가는 길목에서 수원에 0-1로 패하며 진격을 멈췄지만, 포항은 정규리그 26경기에서 42골을 넣으며 성남과 함께 팀 최다 득점을 기록했다.

파리아스 감독 3년 차를 맞은 2007년, 포항은 결실을 기대했다. 과정은 쉽지 않았다. 간판 공격수 이동국이 프리미어리그 미들즈브러로 이적하며 여름까지 해결사 부재에 시달렸다. 15라운드까지 멀티골 경기가 세 번에 불과했다. 바뀐 리그 시스템 안에서 갈피를 찾지 못했다. 단일리그 제도를 채택한 K리그는 상위 6개 팀이 플레이오프를 치르는 방식으로 개편됐다. 포항은 정규리그와 컵대회를 병행하는 빡빡한 일정 속 시즌 12경기 연속 무승의 부진에 빠졌다. 리그 순위는 10위까지 추락했고, 선수들은 분위기 전환을 위해 삭발까지 했다. 7월 휴식기를 맞아 다양한 방식으로 재정비에 나섰다. 골 결정력 강화를 위해 슈뱅크, 조네스를 새로 영입했고, 선수단은 강릉으로 전지훈련을 다녀왔다. 김현식 사장을 비롯한 임직원과 선수단, 서포터즈는 7월 중순 경북 칠곡의 다부동 격전지 산행으로 결의를 다졌다. 한국전쟁 당시 치열한 전쟁이 벌어졌던 낙동강 최후 방어선에서 더 이상 물러설 수 없다는 의지를 불태운 것이다.

8월 재개된 리그에서 포항은 대반전을 시작했다. 홈에서 치른 7경기 중 6경기에서 승리하며 승점 경쟁에 나섰고, 정규리그 최종전에서 인천을 3-2로 꺾으며 5위로 6강 플레이오프에 진출했다. 자신감을 되찾은 포항은 단기전에서 놀라운 집중력을 보였다. 경남을 승부차기까지 가는 접전 끝에 제압하며 준플레이오프에 진출했고, 이어 숙적 울산마저 황재원의 헤딩골, 이광재의 결승골에 힘입어 2-1로 꺾었다. 플레이오프에서는 수원에 1-0 승리, 원정 3연승으로 챔피언결정전에 올랐다.

포항은 파죽지세였다. 스틸야드로 돌아와 성남을 상대로 3-1 완승을 거뒀다. 성남 원정에서도 1-0 승리를 거두며 6강 플레이오프에서 5전 전승, 정상에 섰다. 기적의 뒤집기로 일군 15년 만의 리그 우승은 선수단의 정신력 고취, 후반기 홈 집중 전략이 발판이 됐다. 플레이오프 들어서는 따바레즈를 중심으로 한 세트피스와 이광재, 고기구 등 깜짝 카드를 활용한 파리아스 감독의 용병술이 빛났다. 시즌 종료 후 K리그 대상에서 파리아스 감독은 감독상, 따바레즈는 MVP를 차지했고 베스트 11에 김기동, 황재원, 따바레즈가 선정되며 포항 천하를 알렸다.

아시아 정상에서 스틸러스 웨이를 외치다

포항은 도전을 멈추지 않았다. 시선은 아시아로 향했다. 포항은 데닐손, 김재성, 남궁도, 파비아노에 신인 신형민을 영입하며 알찬 선수 보강을 했다. 개막 직전에는 노병준까지 데려왔다. 개막전에서 전남을 꺾고 깔끔한 출발을 했지만 10년 만에 나선 챔피언스리그는 녹록지 않았다. 호주, 중국, 베트남을 오가며 리그를 병행하다 두 마리 토끼를 모두 놓쳤다. 챔피언스리그는 조별리그 탈락으로 마무리됐고,

리그에서는 5연승의 기세와 4연패의 내리막이 이어졌다. K리그에 집중해야 하는 포항은 여름 이적시장에서 스테보, 김형일을 영입하는 결단을 내렸다. 그 결과 정규리그 막판 10경기에서 6승 3무 1패를 기록하는 놀라운 집중력으로 다시 한번 6강 플레이프 티켓을 땄냈다. 상대는 다시 울산이었다. 하지만 1년 전과는 다른 양상이었다. 전후반에 이어 연장까지 무득점으로 끝난 경기는 승부차기로 향했고, 노병준과 김광석의 실축으로 패했다.

챔피언스리그와 K리그에서 쓴 잔을 마신 포항의 마지막 기회는 FA컵이었다. 1년 전 리그 우승 후 FA컵 결승에서 패했던 포항은 180도 달라진 입장에서 대회에 임했다. 16강에서 전남, 8강에서 성남, 4강에서 대구를 꺾고 경남을 결승에서 만났다. 전반 3분 만에 황진성이 선제골을 넣은 포항은 후반 33분 김자성의 쐐기골로 승부를 마무리했다. 1996년 FA컵 1회 대회 우승 이후 12년 만의 정상 등극이었다. 동시에 2년 연속 아시아 무대로 나가는 기회를 잡았다.

K리그와 FA컵 트로피를 든 포항의 다음 목표는 챔피언스리그였다. 2008년의 실패가 쓴 보약이었다. 파리아스 감독은 체계적인 체력 관리를 위해 피지컬 담당 자이로 코치를 새로 영입했다. 시즌 초반은 챔피언스리그 조별리그 통과에 집중했다. 센트럴코스트(호주), 가와사키(일본)를 상대해 무승부로 출발했지만 3차전에서

텐진(중국)에 승리하며 반전의 기회를 잡았다. 5차전에서 데닐손의 해트트릭 활약으로 센트럴코스트를 꺾으며 16강 진출을 확정한 포항은 조별리그 최종전인 가와사키 원정에서 승리하며 조 1위를 차지했다.

뉴캐슬제츠(호주)와의 16강전에서는 '파르 아스 매직'이 빛났다. 최효진을 최전방 공격수로 깜짝 기용하며 상대의 허를 찔렀다. 최효진은 해트트릭을 기록했고, 데닐손, 김재성, 스테보까지 골을 기록하며 6-0 완승을 거뒀다.

기세는 K리그로 이어졌다. 정규리그 6연승을 올렸고, 컵대회인 피스컵코리아에서도 2연승을 기록해 시즌 8연승 기록을 세웠다. 파리아스 감독은 완벽한 로테이션 시스템을 가동했고 컵대회를 중심으로 신예 조찬호, 우창현, 송창호가 급부상했다.

막강 화력은 한층 불을 뿜었다. 정규리그 23라운드에서는 제주를 상대로 8골을 몰아치며 K리그 한 경기 최다 득점 기록을 갈아치웠다. 피스컵코리아 결승 2차전에서는 부산을 상대로 5-1로 승리하며 스틸야드에서는 처음으로 트로피를 들어 올렸다. 분요드코르(우즈베키스탄)와의 챔피언스리그 8강 2차전은 파리아스 감독 특유의 공격 추구의 정점과 같았다. 원정 1차전에서 1-3으로 패한 포항은 홈에서 전세를 뒤집어야 했다. 2차전 전반을 0-0으로 마친 포항은 후반 시작 12분 만에 김재성, 데닐손의 골에 힘입어 승부를 원점으로 끌고 갔다. 후반 32분 데닐손의 추가골로 3-0으로 앞서며 뒤집기에 성공한 포항은 후반 44분 실점으로 연장 승부에 돌입했다. 곧이어 스테보의 골이 터졌고 포항은 스콜라리 감독과 히바우두를 앞세워 아시아를 뒤흔들던 분요드코르의 돌풍을 잠재웠다.

4강에서 움살랄(카타르)을 홈, 원정에서 모두 제압한 포항은 결승에서 알이티하드(사우디아라비아)를 만났다. 나란히 통산 세 번째 아시아 챔피언을 노리는 포항과 알이티하드는 일본 도쿄 국립경기장에서 단판 승부를 펼쳤다. 파리아스 감독은 김재성, 김태수, 신형민의 중원을 중심으로 한 탄탄한 방어로 알이티하드의 공격을 차단했다. 후반 12분 노병준의 프리킥이 상대 수비벽을 절묘하게 통과하며 선제골로 이어졌다. 8분 뒤 김재성의 프리킥을 김형일이 높이 뛰어올라 헤딩으로 연결한 공이 또 한 번 돌 망을 갈랐다. 알이티하드는 누르의 만회골로 쫓아왔지만 신화용은 더 이상의 실점을 허용하지 않았고 포항은 아시아에서 가장 먼저 챔피언스리그 3회 우승(전신인 아시안클럽챔피언십 포함) 고지를 밟았다.

포항의 시즌은 끝나지 않았다. 리그 2위로 플레이오프에 직행한 포항은 성남을 상대로 챔피언결정전 진출을 노렸다. K리그까지 우승에 성공하면 한 시즌에 3개의 트로피를 들 수 있었지만 포항은 지쳐 있었다. 더블에 만족하며 FIFA 클럽월드컵으로 향했다. 아프리카 대표인 마젬베(콩그민주공화국)를 상대로 역전승을 거두며 4강에 오른 포항은 남미 챔피언 에스투디안테스(아르헨티나)와 만났다. 황재원, 김재성, 신화용까지 줄 퇴장에도 분전한 끝에 1-2로 패했다. 3, 4위 결정전에 나선 포항은 아틀란테(멕시코)를 상대로 승부차기까지 가는 접전 끝에 3위라는 위업을 달성했다.

세계 3위라는 놀라운 경쟁력을 보여준 포항은 매력적인 공격 축구, 포기하지 않는 정신력으로 박수받았다. 인프라와 시스템에 더한 투자를 바탕으로 파리아스 감독 시대에 완성한 퍼포먼스는 '스틸러스 웨이'라는 팀 정신으로 정립됐다. 스틸러스 웨이는 실제 경기 시간 5분 늘리기, 깨끗한 경기 매너 지키기, 심판의 권위 존중하기, 포항 선수로서 자부심 가지기 등의 내용으로 선진 축구 문화를 포항이 선도하겠다는 의지였다. 실제로 포항은 경기 중 볼이 멈추는 데드타임을 21분에서 16분으로 줄이며 속도감 있고, 박진감 넘치는 축구를 펼쳤다. 한국프로축구연맹과 대한축구협회는 앞다퉈 실력, 매너, 재미를 모두 잡은 스틸러스 웨이를 롤모델로 삼았다.

글 서호정

나의 친애하는 포항 팬들께

세르지오 파리아스

인터뷰 조형애 번역 나영훈

국내외 모든 우승컵을 들어 올렸다. 그가 일군 클럽월드컵 3위라는 기록은 아직까지 K리그 구단 역대 최고 성적으로 남아 있다. 부임과 함께 따라붙은 의문 부호는 빠르게 자취를 감췄다. 2005년 A3 대회 준우승을 시작으로 이듬해 리그 3위를 기록했고, 3년 만에 우승 트로피를 포항에 안겼다. 그가 잡은 건 결과뿐만 아니다. 내용으로 팬들을 매료시켰다. 매번 합리적인 결정으로 기적과 같은 결과를 만들어낸 그의 이별 방식은 냉정할 정도로 합리적이었다. 스틸러스의 황금기를 이끈 그가 14년 전 하지 못한 인사를 전했다.

처음 나선 공식 기자회견에서 "포항스틸러스가 우승할 수 있도록 최선을 다하겠다"고 말했다. 리빌딩이 필요한 팀과 1년 단기 계약을 한 상황이었다. 우승은 의례적인 표현이었나? 어떤 가능성을 보고 한 말인가?
승리하는 팀을 만들기 위해 최선을 다하겠다고 말했다. 단순히 선수들의 기술을 향상시키는 것이 아니라 생각 자체를 바꿔야 했다. 단기간에 공격적인 스타일로 바꾸고, 선참 선수들의 경험을 활용하면서도 젊은 선수들로 팀을 리빌딩하는 것이 1년 동안 풀어야 할 숙제였다. 이 모든 것은 김현식 전 사장님이 나를 믿고 지원해 줘 가능했다.

상당히 젊은 나이(만 38세)의 첫 브라질 출신 감독. 한국에 알려진 바가 많지 않아 의구심이 있었다.
나이는 어렸지만 브라질 U-17 대표팀, U-20 대표팀을 이끌며 국제 경험을 쌓은 상태였다. 나를 향한 의구심을 신경 쓰기보다 한국 문화를 존중하며 빠르게 적응하는 것이 중요하다고 생각했다. 포항은 내가 빨리 적응할 수 있도록 필요한 모든 것을 제공했다. 나뿐만 아니라 우리 가족에게 좋은 환경을 만들어 주었다.

K리그의 체질을 바꾼 지도자라 불린다. 특유의 공격

INTERVIEW

축구는 백패스 금지 조항으로 대변된다. 실제 중점을 둔 것은 무엇인가?
축구는 수비 조직과 공격 전환, 그리고 공격 조직과 수비 전환으로 이뤄진다. 즉, 전환 플레이가 가장 중요하다. 전환이 잘 되도록 경기 스타일을 바꿨다.

선수들은 파리아스식 훈련을 특별하게 회상한다. 김재성은 "어떻게 보면 정말 단순했다. 그런데 연습한 플레이가 그라운드에서 가장 많이 나왔다"고 말했다. 최효진은 "사실 연습할 때 짜증이 날 정도였다. 그런데 경기에 너무나 똑같은 상황이 펼쳐진다" 그 했다. 어떤 계획과 판단하에 훈련을 진행했나?
축구는 단순한 게임이다. 훈련도 마찬가지다. 지도자가 선수 개인의 특성을 파악하고, 그 특성을 감독 스타일에 맞춰 적용하면 된다. 파악한 정보를 분석한 뒤, 각 선수에게 필요한 훈련을 끊임없이 반복하면 그 움직임이 자연스럽게 몸에 밴다. 그렇게 익숙해지면 경기에서도 제대로 된 움직임이 나온다. 내 첫 번째 도전 과제는 경직된 축구 문화 속에서 새로운 무언가를 만드는 일이었다. 이런 나의 지도 철학으로 반복 훈련을 진행했다.

토너먼트의 신이라 불리기도 했다. 2009년 뉴캐슬제츠를 상대로 한 ACL 16강전에서 최효진을 깜짝 최전방 공격수로 기용해 성공하는 등 용병술이 적중한 사례가 많았다. 하지만 기적이라는 표현은 싫어한 것으로 기억한다.
선수 개개인을 잘 파악해야 능력치를 최대한 끌어올려 쓸 수 있다. 선수 활용에 굉장히 중요한 부분이다. 당시 포항에는 원래 포지션이 아닌 다양한 포지션에서 뛸 수 있는 능력을 갖춘 선수가 많았다. 특히 효진이는 기술이 좋은 데다 뛰어난 시야를 가지고 있었다.

감독과 선수 사이 적당한 선을 지키는 지도자로 기억되고 있다. 추후 따바레즈 등 일부 외국인 선수가 에이전트를 통해 불만을 토로했다는 등의 사연이 알려지기도 했는데, 어떻게 선수단을 하나로 만들었나?
외국인 선수에 대한 특별 대우를 하지 않는다는 게 팀 운영 철학이었다. 모든 선수를 공평하게 대우했고, 보여준 성과에 비례하는 기회를 줬다. 클럽월드컵은 내 경영 철학을 이해하는 외국인 선수(데닐손)와만 경기를 치렀다.

2000년대 포항 선수로 베스트 11을 꼽는다면?
나의 철칙은 선수 개인의 능력을 언급하지 않는 것이다. 팀 전체가 목표 달성에 기여했다고 믿는다. 포항에서 지도한 모든 선수를 자랑스럽게 생각한다.

K리그, FA컵, 리그컵, ACL 우승컵을 모두 들어 올린 외국인 감독은 여전히 파리아스가 유일하다. 포항에서 보낸 5년여는 어떻게 남아 있나?
멋진 순간이 여럿 있었지만 FIFA 클럽월드컵이 가장 기억에 남는다. ACL 우승으로 우리는 세계 축구 무대에 나섰다. 그리고 3위에 올랐다. 포항에서의 생활 환경, 그리고 한국 사람들의 환대는 우리 가족이 적응하는데 큰 도움을 주었다. 포항에서 보낸 시간을 소중히 여기고 그리워하고 있다. 팬들은 환상적이었다. 항상 최선을 다하는 나를 위해 격려를 아끼지 않았다.

끝으로, 포항스틸러스 팬에게 하고 싶은 말이나 이번 계기를 통해 풀고 싶은 오해가 있다면 듣고 싶다.
내가 5년간의 포항 생활을 접고 떠나기로 한 이유는 또 다른 도전을 하기 위해서, 또 가족에게 또 다른 경험을 하게 해주기 위해서였다. 클럽월드컵을 통해 포항이 달성할 수 있는 최대치를 달성했다고 생각했다. 다른 나라에서 새로운 도전을 할 필요가 있다고도 느꼈다. 내가 한국에 처음 왔을 때처럼 나와 같은 젊은 지도자에게 기회를 주고 싶기도 했다. 발전된 포항은 내가 남긴 유산인 셈이다. 나를 격려하고 응원하고 또 믿어준 팬들을 잊지 않고 있다. 아직도 포항에서 보낸 5년을 생각하면 심장이 쿵쾅거린다. 잊지 못할 것 같다. 감사하고 늘 보고 싶다.

2000's PERFECT XI — 황재원's PICK
(2009시즌 주장)

2010 —————————— 2019

CHAPTER 5

STEEL SHARPENS STEEL

철이 철을 날카롭게 하다

철강산업 경기 악화로 재정이 위축될수록 포항을 바라보는 시선은 걱정과 우려가 가득했다. 걸출한 스타플레이어와 최정상급 외국인 선수의 부재, 그리고 얇은 선수층은 개막 전 포항을 두고 나오는 단골 멘트였다. 심지어 외국인 선수 없이 두 시즌을 보내며 쇄국 축구라는 은근한 풍자의 대상이 되기도 했다. 포항은 흔들리지 않았다. 보란 듯 2012년 FA컵 우승, 2013년 FA컵과 리그 우승을 해 보였다. 불모지에 뿌린 유스시스템이라는 씨앗은 2010년대 들어 꽃을 피웠다. 화수분은 위기 때마다 선수를 수혈했다. 10년 이후를 내다본 지난날의 투자는 포항이라는 명문 구단을 단단히 뿌리내리게 했다.

포스트 파리아스 시대, 시행착오 끝 희망을 쏘다

FIFA 클럽월드컵 후 파리아스 감독이 알아흘리 감독직을 수락하면서 포항은 변화를 맞았다. 외국인 공격수 데닐손, 스테보마저 팀을 떠나는 등 개편 폭이 컸다. 포항은 또 다른 브라질 출신 감독 레모스를 선임하고 유럽과 중동에서 활약한 설기현을 영입했으나 기대에 미치지 못했다. 월드컵 휴식기까지 치른 전반기 11경기에서 2승 3무 6패에 그쳤고, 레모스 감독과 빠르게 이별했다. 이후 박창현 감독 대행 체제로 ACL을 치르며 가시마 원정에서 1-0 승리, 8강 진출을 일궈냈지만 조브아한에 패해 4강이 좌절됐다. 정규리그 28경기 8승 9무 11패, 승점 33점으로 9위를 기록하며 플레이오프 진출에 실패한 포항은 조용히 시즌을 마무리했다. 2011시즌을 앞두고 포항은 제2의 창단을 준비한다는 각오를 다졌다. 지휘봉은 포항 황금기를 이끈 프랜차이즈 스타 황선홍 감독에게 맡겼다. 2003년 전남드래곤즈에서 지도자로 데뷔한 뒤, 2007년 부산아이파크에서 성공적으로 감독이 된 황선홍은 스틸러스 웨이를 발전시킬 적임자로 낙점됐다. 선수단 변화는 크지 않았다. 가나 대표 미드필더 아사모아와 브라질 공격수 슈바를 영입하는 등 전력 보강도 있었지만, 설기현이 갑작스레 울산으로 떠나면서 전력 유지

수준으로 시즌을 맞았다.

전남과 성남에서 성공적인 K리그 경력을 쌓고 2010년 영입된 모따가 2011시즌, 13득점 8도움을 몰아치는 맹활약으로 포항의 부활을 이끌었다. 특히 안방에서 치러진 정규리그 마지막 경기에서 막판 극적인 동점골을 터뜨렸고, 포항은 2012년 ACL 진출과 2위를 확정 지었다. 최종 성적은 17승 8무 5패, 승점 59점이었다. 단판 승부에서는 웃지 못했다. K리그 챔피언십 플레이오프에서 울산을 상대로 전반에만 페널티킥 두 개를 얻었지만 연이어 실축했고, 후반 설기현에게 페널티킥 결승골을 허용하며 석패했다. FA컵에서는 16강전에서 울산, 8강전에서 서울을 꺾으며 순항하다 4강에서 성남에 0-3으로 패했다. 무관으로 시즌을 마쳤지만 2010년 부진을 털고 가능성을 보여준 한 해였다.

2012년 시즌 포항은 한 단계 도약하겠다는 의지가 강했다. 선수 변화는 컸다. 모따가 브라질로 복귀했고, 슈바는 광주로 이적했다. 수비와 미드필드를 책임져 준 김재성, 김형일을 비롯한 4명이 상무로 입대하기도 했다. 그 공백은 루마니아 공격수 지쿠, 세르비아 수비수 조단를 영입하며 메웠다. 대전에서 중앙 공격수 박성호, 강원에서 측면 공격수 김진용도 임대했다. 드래프트를 통해 김찬희, 윤준성, 배슬기 등 4명과 우선 지명돼 있던 영남대 이명주, 포철공고에서

바로 입단한 문창진, 이광훈, 문규현 등 신인 선수 8명도 합류했다. 병역 의무를 마친 황지수도 팀에 합류했다. 부푼 꿈을 안고 시즌을 맞았지만 촌부리FC와 ACL 플레이오프에서 여러 문제를 노출하며 우려를 낳았다. 우려는 현실이 됐다. 공격수들의 득점 침묵과 공수 불균형, 주전들의 부상까지 겹쳐 전력에 차질이 생겼다. 울산과 치른 개막 홈경기부터 0-2로 패하며 불안한 출발을 한 포항은 K리그 팀 통산 400승도 4라운드 상주상무 원정에서야 달성할 수 있었다. 연이은 악재 속에 고군분투했지만 부진은 쉽사리 떨쳐지지 않았다. 포항은 전반기 동안 14전 5승 3무 6패, 승점 18점을 기록하며 9위까지 처졌다. ACL에서도 16강 진출에 실패했다.

황선홍 감독은 6월 초 A매치 휴식기를 통해 반전의 계기를 마련했다. 전지훈련 첫날 워크숍을 열어 선수단 의견을 수렴하며 공격적인 패스 축구라는 포항 축구의 지향점을 보다 분명히 했다. 전반기 내내 발목을 잡은 골 결정력 해갈을 위한 특단의 조치도 취했다. 최전방 공격수를 두지 않는 제로톱 카드였다. 황선홍 감독은 유로 2012 정상에 오른 스페인 축구에서 영감을 받아 포항만의 맞춤형 전술을 만들었다. 공격 1선 중앙에 기술과 패싱력을 겸비한 황진성을 축으로 6명의 미드필더가 상대에 쉼 없는 압박을

가한 뒤 상대 집중력이 떨어지면 장신 공격수를 투입해 승부의 마침표를 찍는 패턴이었다. 결과는 빠르게 나타났다. 6월 17일 서울전에서 첫 선을 보인 제로톱은 서울을 압도했다. 3일 뒤 광주를 상대로 한 FA컵 16강전에서는 긴 패스와 짧은 패스가 적절히 어우러진 빠른 공격 작업이 한층 더 견고하게 펼쳐졌다. 7월 1일에는 경기력에 물이 올라 수원에 0-5 대패를 안겼다.

스플릿 라운드 전까지 승승장구한 포항은 16전 10승 2무 4패 승점 32점을 보태며, 5위까지 순위를 끌어올리고 A그룹에 안착했다. 기세는 스플릿 이후에도 이어졌다. 14전 8승 3무 3패로 A그룹 팀 중 최고 성적을 거두면서 최종 성적 44전 23승 8무 13패, 승점 77점으로 3위에 올랐다. FA컵에서는 정상을 차지했다. 결승전 연장 접전 끝에 박성호의 헤더가 골망을 가르며 통산 세 번째 우승컵을 들어 올렸다. 시즌 중반을 기점으로 경기력이 환골탈태하고, 유스 출신 선수들의 활약이 두드러지면서 2013년을 기대하게 했다.

스틸타카, 전설이 전설을 만들다

2013년은 시작부터 난관이 예고돼 있었다. 국내외 경제 상황이 좋지 않아 스폰서 지원이 준 데다 2012년 야심찬 투자 후유증이 겹쳐 재정 압박이 가해졌다. 포항은 효율적인 운영을 위해 선수단 규모를 32명으로 축소했다. 외국인 선수 3명은 모두 이적시켰지만 새로 영입하지 않았다. 한정된 예산으로 만족할 만한 외국인 선수를 구할 수 없어 국내 선수로만 시즌을 운영하기로 했다. 현실적인 결단이었다. 국내 선수 보강은 신인 6명이 전부였다. 2013년 자유계약 선수로 연세대 박선주가 입단했고, 우선 지명돼 있던 영남대 김승대, 김준수, 이진석, 장주성 등 4명도 포항 유니폼을 입었다. 일본 빗셀고베에서 프로 데뷔 후 국내 복귀한 숭실대 배천석도 합류했다.

2012년 하반기 무서운 상승세를 이끈 국내파 선수들이 건재해 조직력이 최대 강점으로 꼽혔지만 외국인 선수 부재를 둔 의구심 가득한 시선과 골 결정력에 여전히 문제가 있을 것이라는 우려도 적지 않았다.

포항은 빠르게 의심과 우려를 지워나갔다. 터키에서 치른 열 번의 연습 경기 결과는 6승 3무 2패였다. 19골 12도움 5실점을 기록하는 등 내용도 좋았다. 유럽 강호들을 만나 선전하면서 현지에서도 큰 주목을 받을 정도였다. 특히

크로아티아 챔피언 디나모자그레브를 2-1로 꺾은 데 이어 세르비아 1부 1위 FK파르티잔도 3-1로 이겨 새 시즌에 대한 기대감이 상승했다.

기대에 부응하듯 포항은 빠르게 승점을 쌓아나갔다. 개막전부터 데얀과 몰리나를 앞세운 서울과 대등하게 맞서며 원정 무승부를 기록했고, 곧바로 홈에서 첫 승을 신고했다. 포항은 상승세를 유지했다. 11라운드까지 6승 5무, 무패행진을 달렸다. 열두 번째 경기에서 울산에 일격을 당했지만 곧바로 전열을 가다듬었다. 창단 40주년 기념 경기에서 대구를 4-2로 완파하는 등 2승을 챙기며 전반기 반환점을 1위로 돌았다.

파리아스 감독이 다져놓은 기반 아래 세계 축구 트렌드를 접목한 포항 축구는 스틸타카로 불리며 2013시즌을 풍미했다. FA컵도 다르지 않았다. 숭실대, 성남, 경남, 제주를 연이어 제압한 포항은 결승전에서 승부차기까지 가는 접전

끝에 전북을 꺾고 통산 네 번째 우승을 차지했다.
ACL 티켓을 조기 획득한 포항은 리그 우승으로 더블을 노렸다. 스플릿 라운드 마지막 경기는 사실상 결승전이었다. 시즌 내내 포항 발목을 잡았던 울산은 비기기만 해도 우승을 할 수 있는 유리한 위치를 점하고 있었다. 양 팀 득점 없이 후반 추가시간이 흐르던 상황, 포항이 프리킥을 얻었다. 엄청난 혼전 속 김태수가 가까스로 볼을 살려내고 김대호, 김원일을 거친 볼이 골대 안으로 빨려 들어갔다. 얼마 지나지 않아 경기 종료 휘슬이 울리면서 포항은 극적인 역전 우승을 완성했다.
2013년 포항은 외국인 선수 없이 K리그와 FA컵을 동시에 우승하는 전무후무한 기록을 썼다. 하반기 신진호의 임대 이탈, 황진성의 부상 등도 극복한 결과였다.
2014시즌을 앞두고 포항은 조직력과 전력 유지에 힘썼다. 재정 문제를 겪고 있는 만큼 선택은 현실적이었다. 황진성, 박성호, 노병준 등이 팀을 떠났지만 영입은 신인 선수

중심으로 이뤄졌다. U-20 대표팀 출신 강상우가 입단했고, U리그 MVP 손준호도 포항 유니폼을 입었다. 2013년 포철고의 챌린지리그와 고교왕중왕전 우승을 이끈 이광혁, 강현무도 프로로 승급했다.
포항은 개막 후 2연패에 빠지며 불안한 출발을 보였으나 곧 지난 시즌 보인 감각을 찾았다. 순항은 월드컵 휴식기 전까지 계속됐다. 8승 1무 3패, 승점 25점을 기록하며 전반기를 1위로 마쳤다. 전반기 결과는 나무랄 데 없었다. ACL 조별 예선을 3승 3무, 조 1위로 통과했고 16강에서도 전북을 상대로 2승을 챙기며 8강 진출에 성공했다. 그 중심에는 이명주와 김승대가 있었다. 이명주는 K리그 10경기 연속 공격포인트(5골 9도움) 신기록을 세우는 활약을 펼쳤고, 김승대는 리그와 ACL 17경기에서 12골을 터트렸다.
하반기 변수는 이명주의 이적이었다. 이명주-김승대 라인이 해체되며 포항은 흔들리기 시작했다. FA컵, ACL 모두

FC서울과 승부차기까지 가는 접전 끝에 탈락했고, 리그도 순탄치 않았다. 이명주 이적 전 리그 13경기에서 26골을 넣은 포항은 이후 25경기에서 24골을 넣는 데 그치는 골 가뭄에 빠졌다. 10월 아시안게임으로 한 달 가까이 김승대와 손준호마저 전력에서 이탈하며 부진의 늪은 깊어졌다. 결국 포항은 전반기 대비 세 단계 하락한 4위로 리그를 마감했다. 김승대가 K리그 영플레이어상을 수상하며 3년 연속 영플레이어상 수상자를 배출하는 신기록을 세운 것이 위안이었다.

2015년 포항은 재도약 원년의 해를 선포하고 야심 차게 시즌을 준비했다. EPL 출신 공격형 미드필더 모리츠와 세르비아 출신 타깃형 공격수 라자르를 영입하며 2년 만에 외국인 선수를 갖추기도 했다. 하지만 외국인 선수들의 활약은 기대에 미치지 못했다. 반등은 7월, 카타르에서 활약하던 신진호가 가세하면서부터 시작됐다. 22라운드 서울전부터 36라운드 성남전까지 15경기 무패행진(9승 6무)을 달렸고, 이 기간 동안 4실점에 그쳤다. 포항의 수문장 신화용은 17경기 무실점 기록을 쓰며 포항의 리그 최소 실점을 이끌었다. 결국 포항은 18승 2무 8패, 승점 66점으로 시즌을 마무리했다. 2위 수원에 승점 1점 뒤진 3위였. 리그 3경기를 앞두고 사임을 발표한 황선홍 감독의 고별전은 승리로 마무리됐다. 황선홍 감독은 2011년 지휘봉을 잡은 뒤 2012년 FA컵 우승, 2013년 리그·FA컵 2관왕 기록을 남겼다. 포항에서 리그 통산 99승을 기록했다.

꺾이지 않는 힘, 메이드 인 포항

포항은 2016년 ACL 출전을 대비한 선수단 구성, 전지훈련 대비 등 선수단 현안 준비가 중요하다는 판단 아래 일찍이 최진철 감독을 선임했다. 2014년 AFC U-16 선수권 대회 준우승과 2015년 FIFA U-17 월드컵 16강 진출 등 유소년 지도 경력이 있는 최진철 감독에게 포항은 구단의

경쟁력이자 원동력인 유스시스템과 프로선수단의 보다 체계적인 연계를 기대했다.

포항은 김승대, 고무열, 신진호, 조찬호, 김태수 등 주축 선수들이 대거 이탈한 가운데 양동현과 조수철만을 영입한 채 시즌을 맞았다. 하노이T&T를 3-0으로 완파하며 ACL 본선 진출을 확정 짓는 등 시작은 좋았다. 하지만 곧 부진에 빠졌다. ACL 조별 예선은 1승 2무 3패, 조 4위로 탈락했고 FA컵에서는 K리그 챌린지(현 K리그2) 부천FC에 0-2로 무너지며 32강에서 도전을 멈췄다. 리그는 33라운드를 치른 결과, 8위로 하위스플릿 행이 결정됐다. 결국 최진철 감독은 부임 10개월 만에 지휘봉을 내려놨다. 소방수로는 최순호 감독이 낙점됐다. 이때 리우 올림픽 대표팀 코치를 지낸 '철인' 김기동이 수석 코치로 합류했다. 시즌은 최종 순위 9위로 마무리하며 최악의 상황을 면했다.

2017시즌, 포항을 바라보는 시선은 냉혹했다. 문창진, 박선주, 김원일, 김준수, 신광훈, 라자르가 차례로 이적한 상황에서 수문장 신화용마저 떠나보내며 우려가 쌓였다. 조심스럽게 강등권까지 점쳐질 정도였다. 뚜껑을 열어보니 기우였다. 리그 초반 3위까지 치고 나가며 부활의 날갯짓을 해보았다. 신화용의 빈자리는 수원에서 임대 영입한 노동건과 유스 출신 강현무가 데웠고, 강상우와 권완규 풀백 콤비 활약도 기대 이상이었다. 양동현, 룰리냐, 심동운 스리톱도 골고루 득점을 해보였다. 하지만 7월 들어 악재가 겹치며 날개가 꺾였다. 김광석이 부상으로 쓰러지고 김승대마저 징계로 잃으면서 반등의 계기를 잡지 못했다. 한 경기 차이로 상위스플릿이 좌절된 포항은 하위스플릿 한 경기를 치른 뒤 바로 잔류를 확정 지었다. 리그를 15승 7무 16패, 7위로 마감한 포항은 10년 만에 도움왕(손준호, 14도움)을 배출하며 자존심을 지켰다.

2018시즌을 앞두고 포항은 부지런히 밑그림을 그렸다. 양동현, 손준호가 이적했지만, 레오 가말류, 알레망, 코너 채프먼, 송승민, 국태정, 류원우, 이후권, 서코민 등을 영입해 요소요소에 균형을 맞추고 개막을 맞았다. 변화의 폭이 커 시즌 초반에는 하위권으로 처졌으나 조직력에 살아나며 후반 뒷심을 발휘했다. 3년 만에 상위스플릿에 복귀한 포항은 4위로 유종의 미를 거뒀다.

김기동과 풋볼퍼포먼스센터… 부활의 서막

2019시즌, FA컵 32강 탈락 등 원정 5경기 무득점 하며

연패가 길어지자 포항은 분위기 반전이 필요했다. 4월, 상호합의하에 최순호 감독이 감독직을 내려놓고 김기동 수석 코치가 신임 감독에 선임됐다. 포항 축구의 정체성을 잘 이해하고 있는 데다 새로운 전략·전술에 대한 학구열이 높고 선수단의 장단점 또한 잘 파악하고 있어 빠르게 팀을 추스를 수 있으리란 기대를 받았다.

김기동 감독은 기대에 부응했다. 10위까지 처졌던 포항은 상위스플릿 결정 전 7경기에서 6승 1무를 기록하며 5위로 파이널A에 입성했다. 김승대가 팀을 떠났지만 완델손이 맹활약을 펼쳤고 여름 이적시장에서 합류한 일류첸코와 팔로세비치도 시너지 효과를 냈다. 파이널A에서도 포항은 선전했다. 2승 2무 1패를 기록하며 4위로 시즌을 마쳤다. 특히 최종전에서 전북과 우승 경쟁을 하던 울산을 4-1로 완파하며 K리그에 또 하나의 스토리를 남겼다.

그 배경에 인프라 투자가 있었다. 2019년 포항은 20억 원을 투자해 국내 최초 풋볼퍼포먼스센터를 클럽하우스 부지 내에 건립했다. 경기력과 체력 증진을 위한 전문 시설로 바이에른뮌헨, 아스널, 코린치안스 등 유럽과 남미 유수의 클럽 시설과 실제 체력증진센터를 운영하는 카타르 아스파이어 재단 사례를 조사해 포항에 최적화된 센터를 만들었다. 풋볼퍼포먼스센터는 축구 선수에게 특화된 총 76종 96개 품목의 최신 트레이닝 장비를 갖췄다. 보다 효과적으로 활용할 수 있는 분석 프로그램도 도입됐다. 기존 피지컬 훈련에 IT 기술을 접목해 데이터베이스에 기반한 선수 관리가 가능해진 포항은 선수 개인별 데이터를 축적한 뒤 종합적이고 세분화된 분석으로 선수들의 컨디션을 최상으로 유지하며 2020년대를 맞았다.

글 조형애

한 레전드의 사랑법

황선홍

―

인터뷰 **조형애**

어떤 상황과 여건에서든 당당하고 싶었다.
3위 이하의 성적은 받아들일 수 없었다. K리그를
선도하고, 아시아에서도 이름을 떨치고 싶었다.
포항의 역사와 그 이름의 무게를 알고 있는 감독
황선홍은 5년간 무거운 사명감으로 살았다.

**재임 기간, 몇 번의 변곡점이 있었다. 2012시즌 휴식기는
첫 번째 변곡점이었다. 전후 경기력 변화가 컸는데?**
전반기가 굉장히 안 좋았다. 선수단 변화가 컸고, 세대교체도
해야 하는 상황이었다. 문제는 골을 아예 넣지 못한다는
것이었다. 페널티킥까지 안 들어갔으니까, 팀이 얼마나 애를
먹었겠나. 그래서 1박2일 워크숍을 열어 문제를 탁 터놓고
이야기 나누자고 했다. 선수들과 의견 차이는 크지 않았다.
누구나 '우리 축구', '만들어가는 축구'를 하고 싶다. 골이
안 들어가는 게 문제였을 뿐이다. 내가 생각하는 축구와
상반되지 않았기에 받아들일 수 있었다. 보다 강조한 건
자신감이다. 결과에 대한 책임은 감독이 지는 거니까 자신
있게 슈팅하라는 주문을 했다.

**그 이후 나온 제로톱이 주효했다. 어떤 판단하에 내린
결정인가?**
당시 미드필더들이 좋았다. 그런 와중에 공격수들의
부진이 계속돼서 '분발 안 하면 스트라이커 없는 전술로
운영하겠다'고 공언했다. 그렇게 나온 전술이 제로톱이다.
진짜 제로톱을 쓰면서 공격수들도 각성한 것 같다. 결국 그해
FA컵에서 우승했다. 역시나 가을 접어드니까 (박)성호가 잘
해주더라.

**상승세가 2013년까지 이어졌다. 당시 선수들은 재밌게
축구했다고 입을 모은다. 선수들 만큼이나 즐거웠는지,
아니면 남몰래 속앓이하기도 했는지 궁금하다.**
감독 입장은 조금 다르다. 물론 즐거웠고, 어느 팀을 만나도
진다는 생각은 들지 않았지만 그렇다고 해서 마냥 편하지는
않았다. 문제가 발생한 뒤 대처하면 늦는다. 당시는 선수가
풍족하지 않아 전술로 타개하는 방법뿐이었다. 상대는
우리 플레이를 간파해 오고 있었다. 내색은 하지 않았지만
코칭스태프는 엄청나게 골머리를 앓았다. 고비도 있었다.
스플릿 나뉘기 직전, 리그 2연패를 당했다. 그때 엄청나게

고심했다. 스리백까지 생각하다 기존 방식을 밀고 나가기로 했다. 결과적으로 그 선택이 적중했다.

리그와 FA컵, 더블 우승을 차지했다. 외국인 선수 없이 일궈낸 결과다.
꾸준히 외국인 선수 영입을 요청했다. 성적을 내도, 못 내도 문제라고 생각했다. 성적을 내면 다른 팀들이 곤란해진다. 실제로 그랬다. 외국인 선수 없는 팀에 진다고 투자를 많이 한 팀이 욕을 먹기도 했다. 사실 마음이 좋진 않았다. 못해서 '거봐, 안 되잖아?'라는 소리는 또 듣고 싶지 않았다. 내 자존심이 허락지 않았다. 정상급 선수가 아니더라도 세 명을 써야 한다고 끊임없이 말한 이유는 한국 축구를 위해, 프로축구를 위해서다. 그런데 현실적으로 여건이 안 됐을 뿐이다. 2014년 박성호, 노병준, 황진성과 함께하지 못했다. 그만큼 어려웠다. 이 자리를 빌려서라도 그 당시 선수들에게 말하고 싶다. 모두 더블 우승의 주역이다. 난 정말 함께하고 싶었다.

고비 때마다 유스 선수들이 있었다. 대부분 빠른 성장으로 보답했는데 그 비결은 무엇일까?
감독 계약할 때 김태만 사장님과 이야기한 게 두 가지다. 스틸러스 웨이를 계승·발전시키는 것 그리고 유스를 적극 활용하는 것이었다. 일단, 우선 지명 후 대학 진학한 선수들을 다 오라고 해서 봤다. 그게 신진호, 이명주, 김승대, 배천석 등이다. 재능 있는 선수는 기회를 주면 언젠간 된다. 내보내기 전 "너 괜찮겠어?" 하고 물어보곤 했는데, 그때 "자신 있다"고 한 선수는 무조건 냈다. 그리고 웬만해선 안 뺐다. 기대한 것에 70~80퍼센트만 해도 칭찬하고 다음 경기 또 기회를 줬다. 골 넣으면 무조건 다음 경기를 보장했다. 믿고 내보내고, 피드백 주고, 다시 믿고 내보내고를 반복했다. 처음부터 잠재력이 폭발한 건 아니다. 계속 믿고 기회를 준 결과다.

우승을 한 2013년보다 2014년 전반기가 더 강해 보였다. 그런데 하반기는 그렇지 못했다. 2014년 휴식기가 또 하나의 변곡점이었는데?
사람들이 간과하는 게 있다. 바로 측면이다. 제로톱은 측면 미드필더 역할이 굉장히 중요하다. 물론 (이)명주의 공백이 컸다. 그런데 (조)찬호가 시즌 아웃되고, (고)무열이도 부상에 시달렸다. 얇은 스쿼드의 한계가 그때 드러났다고 생각한다. 심지어 풀백 네 명을 써서 몇 경기를 치르기도 했다. 그러니 준비한 패턴이나 플레이가 뒤죽박죽될 수밖에 없었다. 전반기를 1위로 마쳤는데 결국 4위로 시즌을 마무리했다. ACL 못 나간 건 그 해가 유일하다. 전술적으로 타개하는 것도 한계가 있다. 그때 딱 막힌 느낌이었다.

2015시즌 중 사임을 발표했다. 여전히 그 타이밍이 적절했다고 생각하는지 궁금하다.
2014년부터 생각이 있었다. 당시 굉장히 지쳐있었다. 내가 선수로 뛸 때 모든 팀이 포항을 두려워했다. 그리고 부침을 겪은 뒤 파리아스 감독 시절 다시 리그의 중심이 됐다. 그 흐름을 이어가야 한다는 사명감이 컸다. 팀에 누가 돼서는 안 된다고 생각했다. 절대 3위 밑으로 떨어지면 안 된다고, 팀의 자존심이고 나의 자존심이라고 5년 내내 되뇌었다. 성적을 계속해서 내는데도 속으로는 엄청나게 지쳐갔던 이유다. 마침 계약이 끝나는 시기라 안식년을 가지기로 했다. 더 있었으면 좋았을 수도 있지만 지금도 내 선택이 옳았다고 생각한다.

끝으로, 포항에서 보낸 5년 여는 어떤 기억이나 의미로 남아 있는지 듣고 싶다.
5년 동안 축구에 매진해 살았다. 정말 열심히 했고 재미도 있었다. 좋은 시기를 함께한 자부심을 나 역시 가지고 있다. '우리' 포항은 프라이드가 굉장히 강한 팀이다. '우리는 포항이다'라는 문구에서도 느낄 수 있다. 그 말을 내가 처음 썼다. 라커룸 전술판 맨 위에 적어두고 계속해서 강조했다. 어떤 상황이든 당당하게 임해야 하고, 절대로 무너지면 안 되고, K리그를 선도하는 구단이 되어야 한다고. 이게 내가 지키고자 한 포항의 팀 문화다. 예전부터 이어져 온 문화를 잘 지켜 지금이 있다고 생각한다.

2010's PERFECT XI — 황선홍's PICK

- 홍진성, 이명주
- 고무열, 김승대
- 황지수, 손준호
- 박희철, 김원일, 김광석, 신광훈
- 신화용 (GK)

INTERVIEW

압도적 승리감, 그리고 그 후

김승대 X 신광훈

인터뷰 조형어

리모델링을 마친 송라 클럽하우스에서 김승대, 신광훈을 만났다.
2010년대를 상징하는 두 선수와 함께 시행착오와 환희, 위기와 현실로 복잡하게
물든 포항의 2010년대를 빠르게 짚었다.

2010년대를 대표하는 두 선수 모두 포항에 복귀해 활약하고 있어요.

[광훈] FA가 된 2021년, 포항에서 제안이 왔어요. 고민 안 한 것 같아요. 오히려 포항이니까 가야겠다는 생각이 들었어요. 데뷔한 팀에서 은퇴하는 선수들을 보면서 나도 저렇게 되고 싶다는 생각을 오래전부터 했거든요. 돌아가면 그 꿈을 이룰 수 있을 것 같았어요.

[승대] 고향 오는데 이유 있나요? 포항이 편해요. 가족도 친구도 다 포항에 있고요. 늘 포항보다 좋은 제의는 많았는데, 그럴 때마다 항상 남겠다고 했어요. 어디서든 잘 하면 기회는 있어요. 새로운 팀에 적응하는 게 어렵기도 하고요. 굳이 다른 팀을 왜 가야 하는지 모르겠어요. 포항을 지키려고 노력했던 것 같아요.

2010년대 초반, 포항은 부침을 겪었어요. 2012년 전반기에는 극심한 부진에 빠지기도 했고요. 반전의 계기는 워크숍이었다고요?

[광훈] 맞아요. 후반기 시작하기 전 워크숍을 갔어요. 당시 삼삼오오 조를 나눠서 다른 조 보지도 않고 의견을 적어냈는데 신기하게 선수단 전부 같았어요. 요약하면 '90분 내내 우리 축구를 하고 싶다'였죠. 상황에 맞춰 상대 위험 지역으로 길게 때리기도 했는데, 보다 주고받는 축구를 하고 싶었어요. 그 의견이 받아들여진 후에 순위가 수직 상승했어요. 결국 리그를 3위로 마치고 FA컵 우승도 했어요. 그 흐름이 2013년 더블로 이어졌다고 생각해요. 그때 정말 재밌게 축구했어요.

2013년 포항은 정말 강했어요. 그 멤버들은 재밌게 축구했다는 말을 꼭 하는 것 같고요.

[승대] 그때는 빨리 훈련하러 나가고 싶었어요. 매번 서로에게 감탄하고, 그게 재밌어서 자꾸 볼을 차고 싶었죠. 최근 10년, 전북과 울산이 잘하고 우승도 많이 했는데 축구라는 단어에 가장 적합한 축구를 한 팀, 그런 우승을 한 팀은 2013년 포항이라고 생각해요. 운으로 이긴 경기는 없었어요. 다른 팀보다 패스도 몇 배는 더 했고, 더 많이 뛰었고, 더 조직적이었어요.

[광훈] 지금도 가끔 이야기해요. 가장 재밌게 축구했던 시기가 그때라고요. 축구하면서 '모든 게 다 잘 맞아 돌아가서 재밌다'는 감정을 쉽게 받지는 않거든요. 무엇보다 좋은 축구를 했다는 만족감이 커요. 잘하는 팀을 보면 그때 우리와 비교하기도 하는데 결론은 늘 같아요. '그때 우리한테 안된다.'

모든 게 잘 맞아 돌아간다는 건 구체적으로 어떤 건가요?

[승대] 저는 광훈이 형 자세만 봐도 앞으로 줄지 옆으로 줄지 다 알아요. 그런 게 잘 맞는 게 아닐까요? (이)명주 형이 나를 안 봤지만 볼 줄 거라고 확신하는 것. 뺏기겠다 싶은 상황에 우리 선수가 있으리라 생각하고 빈 공간에 볼을 보내면 진짜 있는 것. 서로의 실수를 지워주는 것. 이 모든 게 그때는 너무도 자연스러웠어요. 정말 좋은 축구를 했어요. 연습할 땐 더 잘했고, 더 재밌었어요. 어린 마음에 다른 팀이 와서 좀 보면 좋겠다고 생각할 정도로요. 공격뿐만이 아니에요. 저와 (손)준호, 명주 형, (고)무열이 형이 앞만 보고 공격할 수 있게 뒤는 바로 위 터울의 형들이 받쳐줬어요. 우승한 그 어떤 팀보다도 나았어요. 수비도 최고였어요.

[광훈] 그땐 그랬던 것 같아요. 승대가 뺏기면 '어? 빨리 뺏어서

다시 줘야겠다'는 생각만 드는 거죠. 서로가 도와야한다는 마음이 있었어요. 당시 멤버라는 사실이 자랑스러워요. 우린 외국인 선수 없이 더블을 차지했어요. 그런데도 프로축구 역사에서 저평가 되고 있어요. 내용과 결과를 다 잡았지만 시즌 베스트 11에 든 선수는 울산보다 적었으니까요. 당시 '이게 맞나?' 생각도 했지만 어떻게 할 수 있는 문제는 아니었죠. 지금이라도 제대로 평가받아야한다고 생각해요.

2014시즌은 전반기와 후반기 차이가 극명했어요. 아쉬움이 짙을 것 같아요.

[광훈] 전반기 퍼포먼스가 가장 좋았다고 생각해요. 그때가 정점이었죠. 2013년보다도요. 제가 경험한 가장 완벽한 축구라고 생각해요. 동계훈련 가서 UEFA 챔피언스리그, 유로파리그 나간다는 팀과 해도 이길 정도였으니까요. 보통 훈련을 하면 비주전이 더 잘해요. 모든 팀이 그래요. 그런데 그때는 주전이 월등히 잘했어요. 못 뛰어도 인정하는 분위기가 있었죠. 그런데 명주가 이적한 후로 흔들렸어요. 아쉬운 시즌이죠.

[승대] 글쎄요. 명주 형이 나가서 일까요? 핑계 댈 건 그것밖에 없는데 아직도 잘 모르겠어요. 축구에서 한 명이 차지하는 비중이 그렇게 큰 건지, 그저 핑계를 찾는 것 같기도 하고요. 지금은 우승이 절실한데, 그때는 언제든 또 할 수 있을 거라는 생각이 들었어요. 그만큼 강했어요. 전반기까지 팀도 1위, 저도 득점 1위 하고 하니까 또 우승하는구나 싶었죠. 자만하다가 크코다친 건 아닌가 하는 생각도 들어요.

2010년대 후반기로 접어들면서 포항은 늘 위기의 명가라고 불렸어요. 주축 선수의 이탈과 신진 선수에 대한 의존이 높아졌죠. 그렇지만 꾸준히 일정 수준 이상을 유지해왔어요. 그 비결은 뭘까요?

[광훈] 포항은 선수 덕을 보는 팀이 아니에요. 선수가 포항 덕을 받죠. 포항에 와서 재평가를 받는 선수도 많고,

반대로 포항에서 잘했는데 나가서 잘 안된 선수도 많아요. 포항이라서 잘 할 수 있는 무언가가 있는 것 같아요.

승대 구체적으로 감독님과 팀 분위기라고 생각해요. 감독과 선수단 관계가 굉장히 중요해요. 특히 김기동 감독님은 선수와 의견을 잘 좁히고, 밀고 당기는 심리전에 능해요. 지도자와 안 맞으면 선수도 '대충 하자, 돈만 벌고 가자'라는 안일한 생각이 들 수 있어요. 그런데 김기동 감독님은 '같이 잘 되고 싶다. 보답해야겠다'는 생각이 들게끔 만들어요. 한마디로 하면 신뢰가 만든 결과죠. 또 하나는 선수들끼리 기 살려주기를 엄청 잘한다는 거예요. 포항에 오면 누구든지 잘 됐으면 좋겠어요. 텃세는 완전히 없어요. 오히려 타 팀에서 후배가 하면 혼날 수 있는 플레이도 여기선 잘한다고 할 정도예요. 초등학생이 할 수 있는 플레이만 해도 박수 치고 소리 지르고, 골대를 빗나가도 잘 때렸으면 해트트릭한 거 마냥 치켜세워줘요. 한 선수가 무너지면 그 선수만 무너지는 게 아니에요. 포항이 무너지는 거예요. 그러니까 우린 다 잘 돼야 하는 거죠.

광훈 맞아요. 분위기도 커요. 저는 포항을 여러 번 드나들었어요. 임대도 가고 군대도 가고 이적도 하고 복귀도 했으니까요. 그런데 언제 합류해도 비슷해요. 남아있는 선수들이 포항의 색을 잘 지켜온 것 같아요.

그 중심에는 유스가 있을 것 같아요. 포항을 지탱하는 철학이라고 불리는 유스시스템을 선수들은 어떻게 받아들이고 있는지 궁금해요.

광훈 보이지 않는 유대감이 있어요. 승대와 저는 4년 터울이에요. 중고등학교 때 볼을 같이 찬 경험은 사실 없어요. 그래도 프로에서 만나니까 남다르죠. 유스 형들이 잘 해줬으니까 다들 내리사랑하는 것 같아요. 그건 그 이후로도 그래요. 군대에 있을 땐 당시 원 소속팀이 울산이었던 최호경 선수와 이재성이냐 이명주를 두고 1년을 싸웠을 정도예요.

승대 포항에서 초중고를 나오면 당연히 포항스틸러스 하나 보고 프로 꿈을 꿔요. 포항에서 축구하고 도움도 다 받는데 '나는 FC서울 가야지?' 그런 선수는 없죠. 그런 생각을 하면 손가락질 받을 각오가 돼 있어야 한다고 생각해요. 유스부터 이어져오는 포항 축구를 제가 정의할 순 없지만, '포항 유스'라고 하면 '패스 축구는 할 줄 알겠구나'하는 생각은 당연히 들어요. 전 김기동 감독님이 현역 선수일 때부터 스틸야드에서 볼보이를 했어요. 그때도 포항

축구는 그랬어요. 킥 보다 패스를 즐기고 역습을 잘나가는 역동적인 축구를 했어요. 그 축구를 계속 보고 해온 영향이 있는 것 같아요. 킥 하면서 힘 싸움하는 건 우리 축구와 안 맞아요. 포항 유스는 그걸 잘 알고 있고, 프로 입단하는 유스 스타일도 다 그래요. (고)영준이가 딱 그런 케이스죠. 그러니까 바로 잘 하고, 잘 맞고, 빨리 성장해요.

끝으로 각자에게 축구와 포항이 가지는 의미를 듣고 싶어요.

광훈 축구는 제 삶 그 자체인 것 같아요. 24시간을 주말에 있을 축구 한 경기를 잘 하기 위해 사용하니까요. 그중에서도 포항은 가장 오래 있었던 만큼 의미가 남다르죠. 저와 저의 가족을 지탱해 준 팀이에요.

승대 저는 데뷔가 꿈일 정도로 형편없는 후보 선수였어요. 하다 보니까 여기까지 오게 됐네요. 축구 덕에 다른 삶도 살아 보고, 다른 사람들 보다 빨리 성공도 했어요. 지금 이룬 모든 건 포항이 도와준 결과예요. 늘 지지해 주고 믿어 주고 응원해 주고요. 이제는 포항 출신답게 선수 생활을 잘 마무리하는 단계에 접어들었다고 생각해요.

2020~

CHAPTER 6

UNBREAKABLE SPIRIT,
UNSTOPPABLE TEAM

멈추지 않는 불굴의 팀

2020년대 들어 포항은 소위 '스타빨'을 기대할 수 없는 팀이 됐다. 모기업의 지원으로 넉넉하게 팀을 꾸리던 것도 옛일. 한국프로축구연맹이 2022년 기준으로 공개한 <K리그 연봉 지출 현황>에 따르면 포항 구단이 선수들에게 쓰는 금액은 리그 내 10위(약 77억 원) 수준이었다. 몸값만으로 전력을 셈하거나 선수의 능력을 평가한다면 포항의 자리는 순위표 바닥권이 어울리는지도 모른다.

그러나 포항의 성적표는 매 시즌 예상을 비틀었다. 2020년 K리그1 3위, 2021년 AFC 챔피언스리그 준우승(K리그1 9위), 2022년 K리그1 3위로 호성적을 유지했다.

영국 작가 닉 혼비는 자전적 소설 《피버피치》에서 스포츠의 미덕을 "잔인할 정도로 명쾌한 성격"이라고 정리했다. "실력은 없지만 운 좋은 100미터 달리기 선수라든가, 무능한데 재수 좋은 센터백 같은 건 없다. 스포츠에서는 결국 진정한 실력이 드러나기 마련이다."

이 내용을 포항의 현실에 대입해 본다면 2020년대의 호성적을 운의 영역으로 해석할 수 없다. 실력이다. 포항은 반세기에 걸친 전통과 철학을 기반으로, 현실감각까지 갖춘 불굴의 팀이 되었다. 경기마다 포항 서포터즈 존에 내걸리는 걸개가 팀의 정체성을 대변한다. '족보 없는 축구는 가라'.

K리그 습격한 기동타격대

2019년 4월 26일. K리그1 9라운드 수원전이 열린 스틸야드에는 비가 내렸다. 시즌 초반부터 이어진 부진에 궂은 날씨까지 겹친 경기장 분위기는 스산했다. 사흘 전, 그해 시작을 이끌었던 최순호 감독이 구단과 결별했다. 전임 감독의 뒤를 이은 남자는 트레이닝복 차림에 검은색 모자를 눌러쓴 채 초조하게 테크니컬 에어리어를 서성였다. 거센 빗줄기를 피할 생각도 없어 보였다. 벤치에 앉을 여유조차 갖지 못한 그는 84분이 지나서야 주먹을 불끈 쥐고 환호할 수 있었다. 김승대가 감아서 차올린 슛이 수원 골망을 흔든 순간이었다. 김승대의 선제골은 그날의 결승골이 됐다. 골을 넣은 주인공은 셀러브레이션을 즐기면서 벤치로 달려갔다. 기쁨을 나눌 차례였다. 포항 레전드 김기동이 팀의 12대

감독으로 데뷔전을 치른 날이었다.

이날 승리로 분위기를 돌린 포항은 리그 4연승을 내달리며 반등에 성공했다. 김기동 감독이 그해 포항을 이끌고 받아 든 최종 성적표는 K리그1 4위. 승점 56으로 서울과 같았지만 다득점에서 밀린 순위였다. 시즌 중 사령탑 교체라는 어수선한 분위기 속에 출발했던 데뷔전을 떠올리면 더욱 극적이었다. 2020년대 새로운 역사를 쓸 김기동 시대, 곧 '기동타격대'의 서막이었다.

2020년대의 포항을 상징하는 이름으로 김기동을 떠올리는 건 자연스럽다. 운영 예산이 축소되고 쓸 수 있는 자원이 한정적인 환경에서, '고효율'을 내는 절대적인 역량이 감독의 리더십이라는 데 이견은 거의 없다. 포항의 실력을 논할 때 '족보'가 소환되는 이유다. 거기에 김기동이 있다. 선수로, 코치로, 결국에는 감독으로, 포항이 추억하는 수많은 명승부의 현장에 그가 존재한다. 김기동 감독은 오랜 시간 현장에서 체화한 암묵지를 기반으로 디테일한 분석을 더해 유리한 싸움을 만들어왔다.

21세기의 축구 감독은 더 이상 마법사가 아니다. 갈수록 복잡해지는 전술 싸움은 선수들에게서 최대한의 효율을 끌어낼 수 있는 방식으로 진화한다. 승부는 디테일에서 갈린다. 감독의 디테일은 자신의 팀과 상대를 얼마나 철저하게 분석하는지에 달렸다.

감독 김기동의 강점은 선수단 관리와 다양한 전술로 압축된다. 현역 시절 K리그에서도 손에 꼽는 장수 플레이어로 활약했던 그는 선수들과 소통에 능하다. 선수들의 환경과 심리 상태를 고려해 동기를 부여하고 경기력을 끌어올린다. 프로에 데뷔하는 어린 선수, 부침을 겪고 부활을 꿈꾸는 베테랑 등 그 형편과 사연도 다양한 선수들이 포항에서 재평가된 사례는 수없이 많다. 전술적으로는 특히 변칙에 자유로운 편이다. 멀티플레이어를 활용한 포지션 파괴로 "상대가 잘하는 것을 못하게 막는" 방식이 대표적이다. 이승모를 제로톱 전술의 '가짜 9번'으로 활용하거나 완델손, 강상우가 공격과 수비를 오가는 경우도 흔하다. 신광훈과 박승욱은 사이드백, 중앙 미드필더, 센터백 자리를 넘나든다. 자신의 팀을 알고 상대의 약점을 파악해야 제대로 효력을 발휘할 수 있는 카드들이다. 2020년대 포항의 순위는 명백히 '스타빨'이 아닌 분석의 산물이다.

김기동 감독은 2020년 K리그1 감독상을 수상했다. 통상 우승팀 감독에게 돌아가는 타이틀이 처음으로 3위 감독에게 주어졌다. 팀 수준을 끌어올린 감독의 리더십이 그만큼 인상적이었다는 의미다. 2021년에는 AFC 챔피언스리그 준우승이라는 성과까지 냈다. 이런 공을 인정해 포항은 2022년 12월 김기동 감독에게 3년 재계약을 제안했고, 감독도 이를 받아들였다. 2025년까지 계약기간을 채운다면 김기동 감독은 포항 역사상 최장수 감독이 된다.

축구단 50년의 유산

포항의 열두 번째 감독인 김기동은 전임 감독 10명 중 6명을 경험했다. 스승들과 함께한 시간에서 얻은 교훈을 활용하면서도 자신의 색깔을 입히는 능력이 탁월하다는 평이다. 세르지오 파리아스 감독의 공격 축구(2005~2009), 최순호 감독의 균형감(2000~2004, 2016.9~2019.4), 황선홍 감독의 패스와 연결 플레이(2011~2015)를 믹스해 속도와 투지를 덧입혔다. 김기동 감독은 "파리아스 감독님 시절 스틸러스 웨이를 거쳐 황선홍 감독님 시절

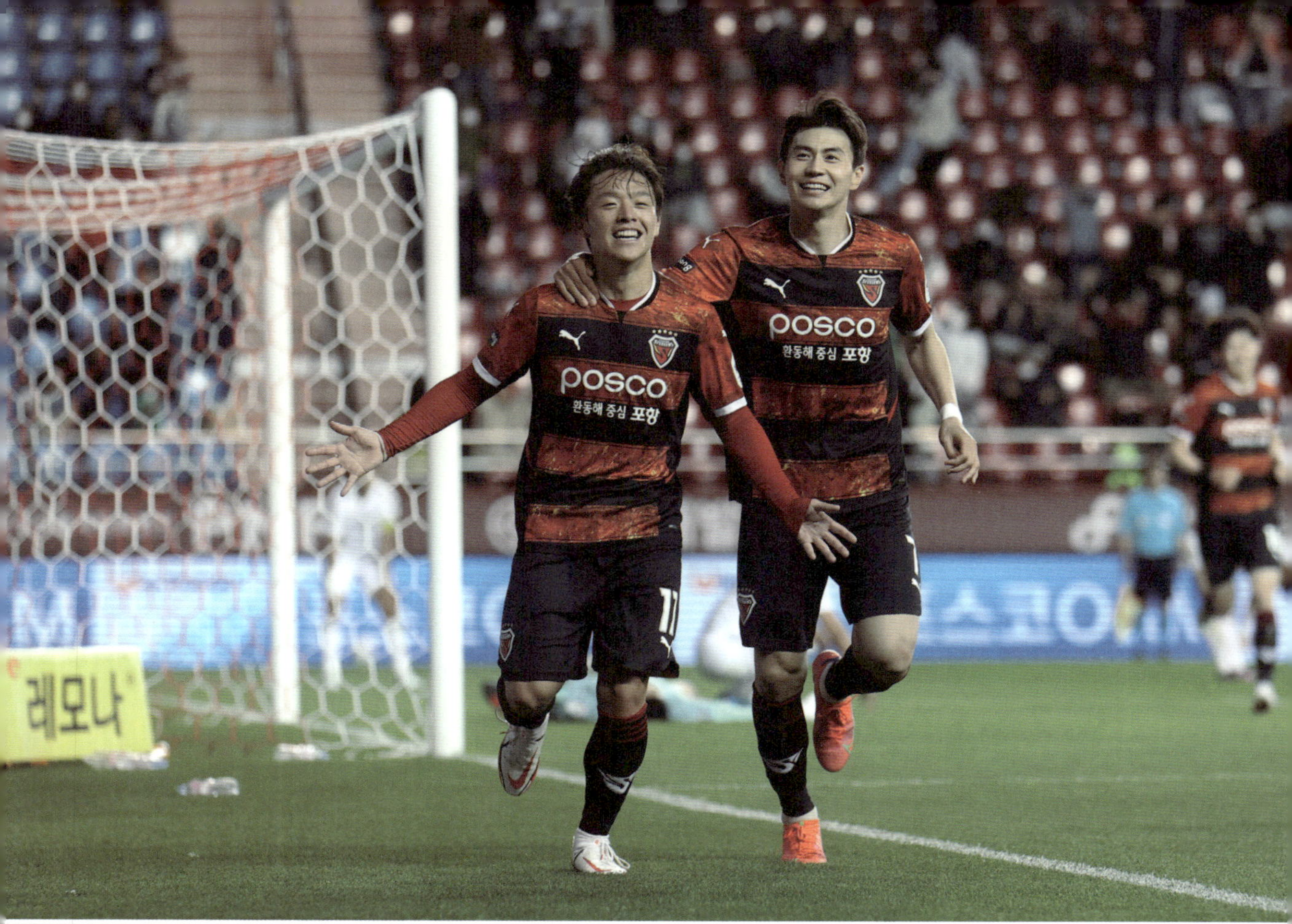
posco
환동해 중심 포항
레모나

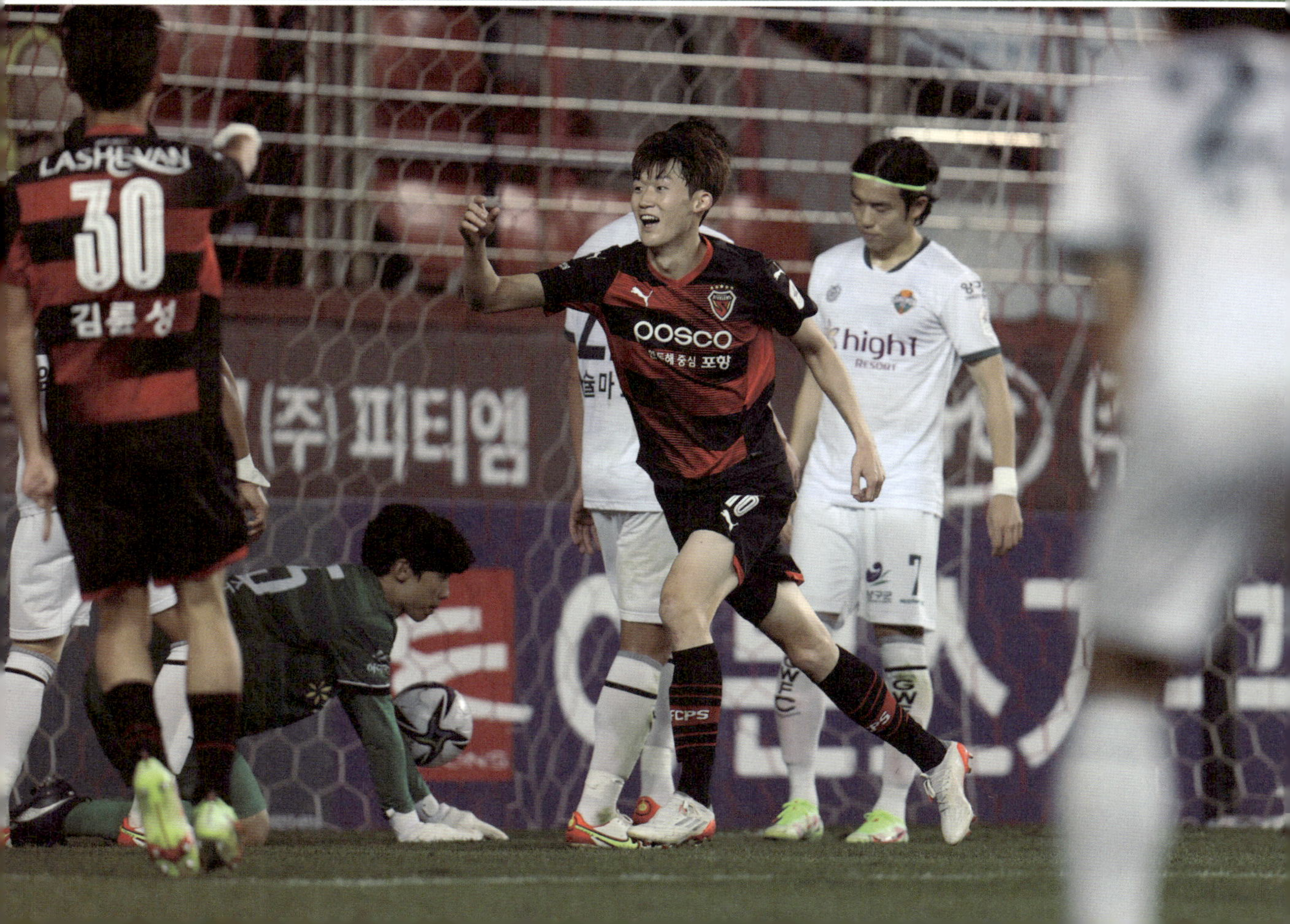
30
김륜성
(주) 피티엠
posco
환동해 중심 포항

| 1973~1982 | 1983~1989 | 1990~1999 | 2000~2009 | 2010~2019 | **2020~** |

스틸타카라는 패스 플레이가 정립됐다"면서 "나는 여기에 속도감을 더하고 싶었다. 빠른 축구, 몸을 사리지 않는 축구를 할 때 팬들이 즐거워한다"라고 말했다. 실제로 K리그에서 가장 매력적인 축구를 구사하는 팀을 논할 때 포항 이름이 빠지지 않는다. 50년 역사의 유산이다.
2023년 1월 전해진 인사 소식도 같은 맥락으로 볼 수 있다. 선수로 출발해 27년 간 팀 행정을 두루 경험한 프런트 출신 이종하 (전)전력강화실장이 포항의 8대 단장으로 취임했다. 이종하 단장은 구단의 독립법인화 이듬해인 1996년 포항스틸러스에 입사해 주무를 시작으로 선수지원팀장, 홍보마케팅팀장, 꿈나무창조기획단장, 전력강화실장 등 실무를 두루 거친 정통 '스틸러스 맨'이다. 축구라는 스포츠의 특성과 K리그 생태계를 이해하는 실무자가 선수단을 총괄하는 자리에 오르는 것은 일견 당연해 보이지만, 실행까지 이어지는 구단은 거의 없다. 팀의 정체성과 철학을 오롯이 체화한 시간에 대한 보상이자 다음 시대를 이어갈 프런트들에게 이정표를 세운 셈이다.
포항의 유산은 선수 영입에서도 확인할 수 있다. 2020년대 들어 이른바 '연어의 회귀' 정책이 두드러졌다. 오범석, 신광훈, 신진호, 김승대 등 포항 유스 출신으로 포항에서 데뷔한 선수들이 전성기에 팀을 떠났다가 다시 포항으로 돌아왔다. 이들 모두 김기동 감독이 현역 시절 함께 뛴 후배들이라는 공통점이 있다. 사실 이런 복구 행렬이 김기동 감독만의 구상은 아니었다. 최순호 전임 감독이 "집 떠난 아이들을 데려와야 한다"고 주장하던 구상을 실행에 옮긴 것이다. 부침을 겪는 시기에도 품을 열어준 곳은 친정팀이었다.
2019년 강원에서 방출 위기였던 오범석은 도항으로 복귀해 2021년 K리그 공로상을 받고 은퇴했다. 오범석은 스스로 "2007년 포항을 떠날 때 (이적파동으로) 시그럽게 나간 사람"이라면서도 "감독님이 다시 입단을 제안했을 때 걱정도 됐지만 포항에 대한 애정에는 변함이 없었다"라고 말했다. 마지막 말은 "포항에서 데뷔해 포항에서 은퇴하게 됐다. 꿈으로 여겼던 일이 현실이 됐다"였다. 신광훈도, 김승대도 "포항으로 돌아올 때 크게 고민하지 않았다"라고 회고했다. 성장기의 꿈을 격려해준 팀이란 그런 곳이다.
'연어의 회귀'는 포항을 지탱하는 근간이다. 성장기부터 포항의 철학과 플레이스타일을 보고 익히며 자란 선수들은 다른 팀을 거쳐 돌아와도 다시 적응하느라 애쓸 필요가 없다. 팀에 자연스럽게 녹아든다. 신광훈, 신진호, 김승대 모두 포항에서 컨디션을 회복해 120퍼센트 이상 역량을 발휘했다. 오범석의 경우 부상으로 기대했던 퍼포먼스를 보이진 못했지만, 후배들을 데리고 나가 식사를 하거나 팀의 상황에 맞는 조언을 건네는 등 살뜰히 챙겼다. 경기장 안팎에서 감독의 짐을 나눠 진 베테랑이었다. 단장부터 감독, 선수들에 이르기까지 찬란한 순간을 공유했던 영광의 시절과 그 기억을 새롭게 해석해 자신만의 방식으로 풀어내는 시대가 됐다.
이것이 바로 2020년대 포항에 남은 유산이다.

자이언트 킬러에서 ACL 결승까지

2020년대 포항의 성취는 진행형이다. 10년의 시간을 온전히 평가할 수 있는 때가 되면 달라질 수 있지만, 2023년 5월 현재 2020년대 가장 인상적인 성취라면 AFC 챔피언스리그 준우승이다.
2021년 11월 포항은 12년 만에 아시아 무대 결승에 올랐다. 전년도 K리그1 3위 자격으로 손에 넣은 ACL 티켓이었다. 그러나 시즌을 준비할 때만 해도 포항의 상황은 녹록지 않았다. 수비 주축 김광석이 인천으로 이적했고 하창래는 4월 상무 입대가 예정됐다. 전년도 임대 선수로 맹활약했던 최영준과 팔로세비치는 원 소속팀으로 복귀했다. 일류첸코는 전북으로 이적했다. 임상협, 신광훈, 신진호 등 베테랑을 영입했지만 최전방과 중앙수비에 대한 불안을 해소하지는 못했다. 후에 김기동 감독은 당시를 회상하며 "스트레스가 너무 심해 이석증이 생긴 때였다"라고 고백하기도 했다.
완성도 높았던 전년도의 조직력을 유지할 수 없는 상황에서 포항을 도운 것은 뜻밖에도 코로나19 팬데믹이라는 특수 상황이었다. 팬데믹으로 세계 각국이 사회적 거리 두기를 시행하던 때였다. AFC는 '코로나 버블' 시스템으로 챔피언스리그를 진행했다. 홈 앤드 어웨이로 경기를 치르던 종전과 달리 안전권역을 지정해 일정 기간 동안 1곳에서 경기를 몰아 치르며 선수단 및 관계자들의 동선을 제한하는 방식이었다. 5개 조로 나눠 치른 동아시아 조별리그에서 각 조 1위 팀(5개 팀)과 조 2위 팀 중 상위 3개 팀이 16강에 오를 수 있었다.
포항은 태국 방콕에서 열린 조별리그에서 조직력을

극대화했다. 김기동 감독은 조별리그를 사실상 합숙 훈련처럼 활용했다. 팀 전체가 같은 시설에서 밥을 먹고 훈련하고 경기에 나서면서 조직력과 전술의 완성도를 높였다. 장거리 원정을 오가는 피로감 없이 경기에 집중할 수 있었다. 무관중 중립 경기였기에 부담도 없었다.

조별리그 당시 포항의 태국 원정 명단에는 유망주들을 포함한 신입 자원들도 많았다. 권기표, 김류성, 타쉬 등 신입 자원들이 조별리그를 통해 실전 적응력을 높였다. 시즌 초반 어수선했던 분위기가 이 기간 동안 정돈됐다. G조에 속한 포항은 2위로 조별리그 일정을 마쳤다. 아직 16강행 여부를 알 수 없었던 상황에서 H조의 전북 덕분에 웃었다. 전북이 감바 오사카(일본)에 2-1로 승리하면서 포항이 조 2위 팀 간 승점 경쟁에서 우위를 점했다. 16강행을 현실화한 순간이었다.

16강전은 토너먼트 최고의 승부처였다. 상대는 세레소 오사카(일본)인데다 원정 단판 경기였다. 포항은 불리한 환경을 극복하고 승리를 챙겼다. 전반 25분 만에 이승모의 선제골로 승기를 잡은 뒤 끝까지 무실점을 지켰다. 한국으로 돌아온 포항은 좀 더 편한 마음으로 8강전을 준비할 수 있게 됐다. 동아시아 8강전과 4강전이 전주에서 열렸기 때문이다. 8강 상대는 조별리그에서 한 조에 속했던 나고야 그램퍼스(일본)였다. 조별리그에서는 상대전적 1무1패로 열세였지만, 전주를 사실상 안방으로 쓸 수 있는 포항은 복수를 별렀다. 결과는 3-0 승. 토너먼트 직전 '에이스' 송민규가 전북으로 이적하고 주전 골키퍼 강현무가 부상으로 전력에서 이탈하는 등 악재가 겹쳤지만 흔들리지 않았다. 이승모가 16강전에 이어 8강전에서도 골을 넣었다. 임상협은 멀티골을 폭발하며 완승을 주도했다.

단판으로 열리는 토너먼트에서는 전력 싸움보다 기 싸움에서 승부가 갈리곤 한다. 이제 포항은 거칠 것 없는 팀이었다. 4강 대진은 공교롭게도 K리그에서 오랜 기간 얽히고설킨 악연의 라이벌전이었다. 전력으로 따지면 울산이 월등하다는 평가였지만 포항과의 대결이라면 결과를 쉽게 점칠 수 없었다. 포항이 나고야에 90분 경기로 승리한 것과 달리 울산은 전북과 120분까지 가는 연장 혈투 끝에 준결승에 오른 상태였다.

전주월드컵경기장에서 포항과 울산의 '동해안 더비'가 열리는 진풍경이 연출됐다. 역시나 긴장감 넘치는 경기였다. 팽팽한 균형은 후반 7분 깨졌다. 윤일록의 골로 울산이 앞서갔다. 포항도 맹렬히 추격했다. 임상협의 돌파를 원두재가 저지했다. 원두재의 거친 태클에 주심은 곧바로 퇴장 판정을 내렸다. 이날 경기의 분수령이었다. 이후 수적 우위를 확보한 포항은 경기 막판까지 집중력을 유지한 끝에 프리킥 기회를 얻었다. 후반 44분 미드필드 오른쪽에서 크베시치가 차올린 프리킥을 골문 앞까지 올라선 수비수 그랜트가 헤더로 연결했다. 1-1. 연장으로 넘어간 경기에서도 접전을 벌인 양팀은 결국 승부차기로 돌입했다. 울산의 첫 번째 키커 불투이스가 실축했다. 반면 임상협부터 권완규, 김성주, 전민광, 강상우로 이어진 포항의 키커들은 모두 슈팅에 성공했다. 울산은 2번~5번 키커들이 모두 슈팅에 성공했지만, 불투이스의 실축을 극복하지 못했다. 승부차기 5-4, 누구도 예상하지 못했던 포항의 극적인 승리였다. 권완규는 "(주축 골키퍼)현무 대신 이준이 섰다. 우리는 골키퍼에게 선방의 부담감을 안기기보다 키커들이 모두 성공하면 된다고 마음먹고 나섰다"라는 후일담을 전했다.

그로부터 한 달 뒤. 12년 만의 아시아 왕좌 탈환에 나선 포항의 도전은 준우승으로 마무리됐다. 서아시아에서 올라온 알 힐랄(사우디아라비아)은 강한 상대였다. 결승전 장소가 알 힐랄의 홈인 킹파드스타디움이었던 것도 적잖은 부담이었다. 만원관중이 들어찬 경기장은 홈팀에 절대적으로 유리한 분위기였다. 토너먼트에서 포항의 핵심 전술이었던 제로톱의 선봉 이승모는 원정길에 동행하지 못했다. 병역 봉사 활동 기간을 채우지 못해 출국할 수 없었다. '이 대신 잇몸'으로 나선 포항이었지만 승부는 사실상 20초만에 갈렸다. 크베시치가 트래핑한 볼을 뺏은 나세르 알다우사리가 기습적인 왼발 중거리슛으로 선제골을 터뜨렸다. 호흡이 채 터지기도 전에 일격을 맞은 포항은 크게 당황했다. 전반 중반 이후 조직력을 회복한 포항이 개인 기술로 풀어가는 상대를 압박했지만 마무리가 아쉬웠다. 후반 17분 바페팀비 고미스에 추가골을 허용했다. 끝까지 분투했지만 승부를 뒤집지는 못했다. 결과는 아쉬웠지만 결승까지 여정에 보여준 포항의 변칙 전술과 응집력은 박수 받기에 부족함이 없었다.

불완전 연소한 포항의 열정은 다음을 기약하는 것으로 막을 내렸다. 포항의 도전은 계속된다.

글 **배진경**

INTERVIEW

"포항에서 적당히 하라고? 그건 용납 못하지"

김기동

인터뷰 **배진경**

철인이라는 수식어에 김기동만큼 잘 어울리는 이름을 찾기는 쉽지 않다. 선수 시절 포항 유니폼을 입고 K리그 500경기 출전이라는 대기록을 세웠던 그는 지도자로 다시 찾은 포항에서 팀 역사상 최장수 감독을 예약했다. 2019년 4월 감독으로 데뷔해 성공적으로 1기를 마무리한 뒤 2025년까지 3년 재계약에 사인했다. 2020년대 포항 축구를 상징하는 이름은 명백히 김기동이다.

창단 50주년에 감독으로 존재하는 건 어떤 의미인가?

K리그 역사가 40년인데 우리는 50년이다. 선수로 또 지도자로, 이 팀의 중요한 시기에 함께하고 있다는 것에 자부심이 있다. '족보 없는 축구는 가라' 아닌가. 그런 기념비적인 해이기 때문에 팀에 남은 것 같다.(웃음) 재계약할 때 고민했던 배경 중 하나인 건 분명하다. 역사로 기록될 시기에 포항을 떠나는 건 스스로 용납할 수 없었다. 내가 뭐라도 해야 할 것 같았다. 좋은 결과도 필요한 시기라고 생각했다.

2023시즌 목표를 우승으로 내걸어서 화제였다. 자신감의 배경은 무엇인가?

매년 초 시무식 때 선수들과 만나면 목표를 공유한다. 이전에는 늘 현실적으로 접근했다. 처음에는 ACL 진출이었다. 우승을 논할 때는 리그보다 상대적으로 해볼만한 FA컵을 목표로 설정했다. 이제 감독 5년 차가 됐다. 팀도 50주년을 맞았다. 2013년 더블 우승 후 10년이 지났다. 여러 면에서 큰 목표를 걸 만한 시기가 됐다고 생각했다. 내가 좀 더 노력하면 선수들과 뭔가 만들 수 있지 않을까 하는 자신감이 있었다. 시즌 초반 대진 일정도 나쁘지 않았다. 동계훈련에서 선수들이 많이 힘들어했다. 임상협, 이광혁, 신진호, 이수빈 등 앞선에 있던 선수들이 다 떠났다. 변화가 크다 보니 조직력을 만들기까지 쉽지 않았다. 그래도 선수들이 잘 따라주고 있다.

5월 현재 팀의 조직력은 만족할 만한 수준인가?

나는 항상 만족하지 않는다. 선수들은 이 정도면 괜찮다고 생각할지 모르겠다. 내가 보기엔 선수들이 좀 더 할 수 있는 부분이 있다. (김)인성이도 더 살아나야 하고 (김)종우도 완전히 적응하려면 시간이 좀 더 필요하다. 그래도 초반 흐름과 분위기가 나쁘지 않아서 새 선수들을 기다려주는 여유가 있는 것 같다.

포항의 12대 감독이다. 선수 시절까지 포함하면 50년 팀 역사 중 절반을 함께했다.

그래서 이 팀이 내게는 좀 특별하다. 좋은 시절과 어려운 시절 모두 함께 겪었다. 사람의 일생과 비슷한 것 같다. 어려운 시기가 지나면 좋은 시기가 오고 비가 오면 무지개가 뜨지 않나. 포항의 살림살이가 어려워진다고 하지만 그 히스토리나 배경을 너무 잘 알고 있으니까 화도 못 내겠다(웃음). 주위에서는 나보고 적당히 하라고들 한다. 6위만 해도 나쁘지 않다고. 근데 내가 그걸 용납 못하겠다. 어쩌겠나. 이 팀에서 지내는 동안 내가 감당하고 극복해야 할 몫이라고 생각한다. 선수 시절부터 늘 부담과 싸워왔다. 팬들이 나를 성적으로만 평가한다고 생각하지 않는다. 팬들이 만족하는 축구가 무엇일지 생각해봤다. 첫째는 골이다. 둘째는 투지다. 축구는 몸과 몸이 부딪치는 스포츠다. 몸싸움을 하고 경겨서 넘어지고 그렇게 해야 한다. 손을 쓰거나 잡아당기는 게 아니라 정상적인 몸싸움 말이다. 악착같이 하려는 의지를 보일 때 관중석에서 '와'하는 함성이

나온다. 그 눈높이에 맞추려고 한다.

선수 시절 포항은 어떤 팀이었나. 그 시절부터 이어지는 팀 철학이나 색깔이 있다면 무엇일까?
부천SK에서 뛰던 시절 포항을 상대할 때면 팀보다 스틸야드 분위기가 더 강렬했다. 스틸야드에 오면 답답했다. 팬들의 기운이 응집돼 있다고 할까. 뭔가 나를 압박하는 분위기였다. 내가 포항 선수가 되어 뛸 때는 그게 나의 에너지가 됐다. 홈구장 덕을 봤다. 포항은 파리아스 감독님 시절을 거치면서 공격적인 색깔을 만들었다. 황선홍 감독님 시절에는 기존 패스 축구에 빠른 속도가 결합하면서 '스틸타카'가 완성됐다. 그 시기를 거쳐 팬들이 좋아하는 축구가 무엇인지 정립된 것 같다. 빠른 축구, 연결이 잘 되는 축구, 여기에 몸싸움이 더해져 박진감이 생기는 축구다.

김기동 감독의 색깔을 덧입히고 있는 부분이 있나?
(부천 시절)니폼니시 감독님을 생각했다. 일찍이 우리나라에서 보지 못했던 좋은 축구, 아름다운 축구를 시도했다. 그렇지만 결과를 내지 못했다. 부천은 니폼니시 감독님이 떠나고 조윤환 감독님이 지휘봉을 넘겨받은 뒤에야 컵대회에서 우승을 했다. 니폼니시 감독님의 기술축구에 한국인 특유의 투쟁심을 가미한 축구였다.

INTERVIEW

나도 결과를 내기 위해선 포항의 전통적인 기술축구에 그런 투쟁심을 좀 더 보태야 한다고 생각했다. 내가 원하는 축구가 A라고 해도 선수 구성이 B에 맞는 현실이라면 B를 해야 한다. 그렇다고 5-4-2 같은 수비 축구를 하고 싶진 않다. 지든 이기든, 상대를 빠르게 공략하는 축구를 하려고 한다.

포항과 함께한 동안 선수로 또 감독으로 각각 기억에 남는 경기는 무엇인가?

그런 질문을 많이 받았다. 프로 데뷔전, 우승 경기 등 중요한 순간이 많았다. 그래도 딱 하나만 고르라면 프로 500번째 출전을 기록했던 경기를 꼽겠다. 501경기를 뛰고 은퇴했는데, 홈에서 500경기 기록을 세웠던 순간이 가장 기억에 남는다. 프로 처음부터 우승을 포함한 많은 순간들이 그 한 경기로 다 설명이 되지 않을까. '내 선수 생활의 끝이 여기겠구나'라고 생각했다. 감독으로서는 2019년 수원을 상대로 데뷔전을 치렀을 때다. 4월 26일. 날짜도 기억한다. 이전까지 5년 동안 홈에서 수원을 상대로 이기지 못했고 그 즈음 4경기 연속 무승(1무3패) 상태였다. 바로 다음 경기는 울산전이었다. 압박감이 점점 커지는 상황이었기에 수원을 꼭 꺾어야 했다. 다행히 경기 막판 (김)승대가 골을 넣으면서 부진을 끊었다. 내가 지금까지 승대를 버리지 못하는 이유다(웃음). 동해안 더비에서도 이기고 4연승을 달렸다. 이후로 지금까지 더 좋은 경기, 더 극적인 순간도 많았다. 하지만 그 어떤 경기도 감독으로 데뷔하던 그날의 긴장감을 넘어서진 못한다.

매 시즌 주요 자원을 떠나 보내면서도 새로운 자원을 만들어낸다. 올해는 일찌감치 이호재가 터졌다. 특별히 주문한 내용이 있나? 아니면 골을 넣으면서 선수 스스로 자신감이 생긴 걸까?

호재는 골을 넣어서 성장한 게 아니라 성장했기 때문에 골을 넣은 거다. 동계훈련 때 작년보다 살이 많이 빠진 상태라는 걸 확인했다. 작년에는 교체로 들어가면 경기 흐름을 타는 데 어려움을 겪었는데 올해는 흐름을 타고 있다. 선수 스스로 부족한 점을 인지하고 보완한 거다. (고)영준이 한테도 작년에 '2kg만 감량하자. 옆구리살만 빼면 날아다닐 거다'라고 말했다. 처음에는 납득하지 못했다. 그런데 살을 빼고 좋은 컨디션이 되니까 자신의 장점이 살아난다는 걸 본인이 경험했다.

선수별로 세심하게 코칭하는 것 같다.

처음에는 선수들과 어울려 볼도 차고 훈련했다. 그러다 보니 선수들을 제대로 관찰하지 못하는 것 같았다. 이후로 훈련 때는 돌아다니면서 선수들 표정이나 동작을 살핀다. 표정이 우울한 친구가 있으면 '집에 무슨 일이 있나?' 물어보고, 볼 한 번 차고 허벅지를 만지는 친구가 있으면 '근육이 안 좋은가?' 생각한다. 선수들은 감독이 이렇게 관심을 보이면 좋아한다. 그러다 보면 좀 더 속 깊은 이야기도 할 수 있고, 선수의 상태도 정확하게 파악할 수 있다.

2020년대 포항 축구를 이끌고 있는 감독의 과제와 고민은 무엇인가?

어린 선수들의 성장이다. 많은 돈을 주고 선수를 데려오기 쉽지 않은 현실이다. 어린 선수들을 성장시키고, 그 선수들이 좋은 활약을 보인 뒤 큰 무대로 갈 수 있도록 도와주는 분위기로 가고 있다. 그래도 고민은 계속된다. 성적을 외면할 수 없기 때문이다. 일정 수준의 성적을 내야 이 기조를 유지할 수 있다. 우리팀 구성이 양 극단인 것도 고민이다. 선참 아니면 어린 선수다. 중간급을 데려오려면 돈이 많이 필요하다. 현실적인 균형점을 찾아야 한다.

포항 축구에
내 모든 뼈를 녹였다

이종하

인터뷰 **배진경**

감독과 선수가 그라운드를 화폭 삼아 마음껏 휘젓는 이들이라면, 화구를 챙기고 가꾸는 일은 구단 스태프의 몫이다. 보이지 않는 곳에서 선수단과 같은 마음으로 뛰는 이들의 헌신이 있다. 팬들을 매료시키는 축구는 그렇게 탄생한다. 구단의 실무를 두루 경험한 이종하 단장이 선수단을 총괄하는 직책에 오른 것은 그래서 더 뜻깊다.

포항 8대 단장에 오른 입사 27년차 '스틸러스 맨'

2023년 1월 포항스틸러스 신임 단장이 됐다. 1996년에 입사해 선수단을 총괄하는 자리에 오르기까지 꼭 27년이 걸렸다. 포항의 50년 역사에서 자그마치 절반이 넘는 시간을 함께한 셈이다. 지난 시간을 돌아보는 이종하 단장은 "세월이 쏜살같다"라고 말하며 미소를 지었다. 변치 않은 것도 있다. 혈기왕성하던 젊은 시절을 지나 희끗한 머리와 주름살에 더 친숙해진 지금도 정장보다 팀 점퍼를 걸치고 일하는 현장이 더 편하다.
'일하는 단장'이라는 타이틀은 창단 50주년을 맞는 포항의 지향점을 대변한다. 축구라는 본질을 기반으로 선수단과 팀의 미래를 함께 그려야 한다. 선수단과 구단 사이를 잇고 하나로 뭉치게 하는 것도 그의 몫이다. 따지고 보면 축구와 함께한 일생이 그랬다. 이종하 단장은 축구인 출신으로 포항제철 체육구단 운영반에서 축구선수로 활약했다. 구단의 독립법인화 이듬해인 1996년 포항스틸러스에 입사한 그는 선수단 주무를 시작으로 선수지원팀장, 홍보마케팅팀장, 꿈나무창조기획팀장, 전력강화실장 등을 거쳤다.
"선수 시절 축구 실력은 평범했다. 잘했다면 지금 프런트가 아니라 감독이 되었을 거다(웃음). 초등학교 4학년 때 축구를 시작했다. 18년 정도 축구를 했으니까 현장에 대한 감각은 있었다. 선수를 보는 눈이나 구단에 어떤 감독을 추천해야 하는지 정도의 감 말이다. 선수나 감독을 영입해야 할 때 언제나 책임의식을 갖고 리스트를 만들었다. 우리 팀을 빨리 안정화하는 게 가장 시급한 문제였다."

반(半) 축구인, 반 행정가인 그는 선수단 운영과 구단 행정 사이를 줄타기했다. 포항에 부임하는 대표이사는 모기업 임원 출신이다. 임기를 채우고 떠나는 순환이 이루어지는 구조다. '기업 경영'으로 축구를 보는 대표들에게 축구라는 프레임을 이해시키는 일을 반복했다. 감독이나 선수들을 대할 때는 구단의 정책과 기조에 맞춰 함께 움직일 수 있도록 설득해야 했다.
"포항스틸러스는 축구 회사다. (축구)현장제일주의다. 내가 축구인 출신이라 느끼는 책임감이 더 컸다. 구단에서는 나 때문에 축구인들이 욕먹으면 안된다는 생각으로 모든 일을 투명하게 하려 했다. 선수단을 대할 때는 또 선수 출신으로 공감할 수 있는 부분들이 있기 때문에 어려움이나 요청 사항을 해결하는 방법에 진심으로 대했다. 내 직급이 대리였을 때나 과장이었을 때나 실장이 되었을 때나 그렇게 '중심을 잡아야 한다'는 생각에는 변함이 없었다. 경기인 출신이 행정 일을 하다 보면 양 쪽 눈치를 살피지 않을 수 없다. 소통이 제대로 안되면 반드시 불협화음이 난다. 원칙대로 일하는 게 최선이다. 그렇게 교량 역할을 하다 보니 어느새 27년이 흘렀다."
창단 50주년에 프런트 출신으로 단장이 된 그이기에 감회가 남다르다.
"기업 구조상 단장이 되리라고 생각도 못했고, 기대도 하지 않았다. 50주년에 승진해 아주 영광스럽다. 단장이라는 타이틀이 생겨 어깨가 무겁다. 대리 시절부터 과장, 실장을 거쳐 단장직을 맡았지만 책임감은 조금도 가벼워지지 않았다."
매 시즌 선수 영입도 감독과 적극적인 소통을 통해 실행에 옮긴다. 전력강화실에서 팀 예산 내 영입 가능한 선수

리스트를 뽑아 감독에게 2배수 혹은 3배수로 제시하면, 감독은 자신의 축구에 부합하는 선수들을 다각도로 검토해 골라낸다. 이 과정은 수 차례 미팅을 통해 이어진다.

"축구단에서 선수가 꽃이라는 사실은 과장이 아니다. 그러나 예산이 한정적인 환경에서는 우리 축구를 알차게 할 수 있는 선수를 골라내는 것도 중요한 능력이다. 감독과 우리팀의 기조는 좋은 축구를 보여주자는 것이다. 지더라도 박진감 넘치고 스피디한 경기를 할 수 있는 선수들이 필요하다."

승리보다 더 큰 가치를 찾는 일

승리가 전부인 세계에서 이종하 단장은 승리보다 더 큰 가치를 찾는 일에 열중하고 있다. 포항에서 27년을 보내며 배운 것이라면 팀이 나아가야 할 지향점을 확고히 하고, 그 목표를 달성하기 위한 길을 만들 때 팬들의 호응과 성적도 따라온다는 것이다. 파리아스 감독 시절의 '스틸러스 웨이', 황선홍 감독 시절의 '스틸타카'를 거쳐 김기동 감독 시대의 '기동타격대'를 관통하는 팀의 철학은 "관중들이 즐거워하는 축구"다.

2023시즌 개막을 앞두고 김기동 감독은 "우승이 목표"라고 밝혔다. 그저 호기로만 볼 수 없는 것은 실제로 짜임새 있는 축구로 선두권 싸움을 이어가고 있기 때문이다(2023년 5월 기준). 이종하 단장은 포항이 갖고 있는 자신감의 근거를 "인프라 덕분"이라고 설명한다.

"포스코에서 시설 인프라를 구축하는 데는 열린 자세다. 선수들이 운동에 전념할 수 있는 환경을 만들어준다."

실제로 포항은 국내 최초의 축구전용구장 보유를 시작으로 클럽하우스와 퍼포먼스센터를 건립하는 등 최고 수준의 훈련 환경을 갖췄다. 최근에는 20년 된 클럽하우스를 리모델링 하면서 20억을 추가로 투입했다. 클럽하우스 건립 당시 마련한 인조잔디 구장 2면 중 1면은 천연잔디로 바뀌었고, 인조잔디 구장도 새로운 잔디로 교체했다. 천연잔디 구장 3면을 확보한 동시에 우천 등 기상이 좋지 않은 날에는 인조잔디를 활용할 수 있게 됐다. 선수들은 클럽하우스에서 나와 퍼포먼스센터에서 근력 운동을 하고 필드에서 전술 훈련과 연습 경기를 진행한다. 완벽에 가까운 동선이다.

"선수들이 그런다. 다른 팀에서 포항에 오려는 선수들이 많아진다고. 훈련 환경이 무척 좋고 분위기가 좋아서 부러워 한다고들 한다. 선수들이 운동에만 전념할 수 있는 환경을 갖춘 팀이 의외로 많지 않다."

노후한 경기장 시설도 개보수 작업을 통해 꾸준히 개선하고 있다. 2023년에는 스틸야드 조명시설을 LED로 교체했다. 기존 시설은 평균 조도가 1,800룩스(LUX)여서 다소 어두운 느낌이었지만 최신형 LED로 교체한 현재 2,500룩스 이상의 조도를 확보했다. AFC 조명 기준 최고 등급인 카테고리1(2,400룩스 이상)에 해당한다. 야간 경기 때 조명을 활용한 다양한 연출이 가능해졌고, 중계 화면에도 한층 멋진 풍경을 제공할 수 있게 됐다. 사장도, 단장도, 감독도, 심지어 선수들도 언젠가는 팀을 떠난다. 하지만 시설은 남는다. 시대와 세대가 바뀌어도 제 역할을 할 수 있다. 그곳에서 새로운 얼굴들이 꿈을 키우며 단련을 이어간다.

"포항의 스쿼드가 돈을 많이 쓰는 팀들에 비해 아주 뛰어나다고 할 수는 없지만, 선수 개개인의 능력을 최대치로 끌어낼 수 있는 환경을 가진 덕분에 좋은 성적이 유지된다고 본다. 오래 전부터 이런 부분에 신경을 써준 포스코에 정말로 감사하다."

시설 인프라가 유형의 자산이라면 유스시스템은 무형의 자산이다. K리그가 유스시스템 운영을 의무화하기 전부터 포항은 유스 육성 체계를 완성했다. 지역 내 유망주를 발굴하고 키워내 프로에 데뷔시키는 데 의의를 두던 단계를 거쳐 '메이드인 포항'(2000년대)과 '화수분 축구'(2010년대)에 이르렀다. 2020년대에도 포항 유스시스템에서 자란 유망 자원들이 포항에서 알토란 같은 활약을 펼치거나 팀에 이적료를 안기고 더 큰 무대로 나아간다.

"포항을 지탱하는 또 다른 축은 유스시스템이다. 우리팀이 3위로 버티거나 강팀과 견줄 수 있는 건 유스시스템에서 발굴해낸 자원의 힘이다. 유스시스템은 '기다림'이라는 철학을 견지해야 결실을 본다. 당장 성과를 내지 못하는 선수들에게 오랜 시간 공들여 지원해야 하기 때문이다. 그래도 원석을 발굴하고 다듬는다는 마음으로 지켜봐야 한다. 한 학년에서 좋은 선수 한 명만 나와도 팀이 달라진다. 또래들이 덩달아 성장한다. 그 한 명의 선수가 언제 나올지 모르니까 꾸준히 봐야 한다. 기다림이 필요하다."

포항에서 데뷔하는 유망주들이 많아지는 현상은 또 다른 순환으로 이어진다. 최근 유망주들이 서울(오산고)과 수원(매탄고) 등 수도권으로 집중하는 현상은 피할 수 없는 흐름이다. 포항이 스카우트 경쟁에서 힘을 발휘할 수 있는 것은 역시 전통에서 나오는 사례 제시다. 포항에서 자라는 선수들에게는 상대적으로 프로 데뷔의 기회가 크게 열려있다는 사실을 선수와 학부모 모두 알고 있다.
"우리팀이 유소년 육성에 남다른 철학을 갖고 있고 재능이 있는 선수를 일찍 데뷔시킨다는 사실은 학부모에게 큰 매력으로 작용한다. 유망주라면 프로에 데뷔하고 노출이 되어야 더 큰 기회가 주어지는 법이다. 부모님들께는 '포항에 보내주면 프로 선수가 될 수 있도록 잘 키워보겠다'고 약속한다. 실제로 우리팀에는 그런 사례가 아주 많다."

1998 플레이오프-2007 우승 여정 못 잊어

이종하 단장이 포항에 몸담은 27년 동안 팀은 국내외에서 모두 11개의 트로피를 들어올렸다. 우승 타이틀이 아니어도 명승부로 기억할 만한 경기는 수없이 많다. 그중에서도 가장 잊지 못할 순간은 언제일까?
"아쉬운 경기를 먼저 꼽아보겠다. 1998년 울산을 상대했던 K리그 플레이오프 2차전이다. 당시 나는 팀의 주무였다. 벤치에서 경기를 지켜보는 처지이다 보니 선수들과 똑같은 심정이었다. 울산에 선제골을 허용했지만 박태하의 동점골로 1-1 상황까지 만들었다. 그대로 끝나면 우리가 챔피언결정전에 진출하는 상황이었다. 그런데 막판에 울산에 프리킥이 주어졌다. (울산 GK)김병지가 우리 골문으로 올라서기 위해 내 앞을 지나쳤다. 느낌이 싸했다. 살이 다 떨려서 프리킥 순간에 뒤로 돌아섰다. 하, 근데 그 상황에서 김병지가 골을 넣었다. 어떻게 그런 일이 다 있었을까. 그렇게 승부차기에 들어가서 4-5로 졌다. 어안이 벙벙했다. 충격이 꽤 오래갔다."
"좋았던 순간이라면 역시 우승 현장이었다. 가장 기억에 남는 우승은 2007년 K리그다. 정규리그를 5위로 마감했는데 플레이오프에서 '도장깨기'로 우승했다. 로컬룰에 따른 진행방식이 지금 생각하면 이상해 보이지만, 그때는 연전연승이라는 분위기를 타고 올라간 것이나 다름없다. 지금의 승강 플레이오프나 월드컵처럼 사흘 간격으로 경기가 열리는 것도 아니었다. 일주일 텀으로 경기가 열리다 보니 한 경기에 총력을 기울이고 다음 경기까지 체력을 회복할 만큼 여유가 있었다. 그 덕을 봤다. 결승전은 축제였다. 홈에서 열린 1차전에서 3-1로 승리한 뒤 원정지인 성남으로 가는데, 포항에서 대절한 버스가 30대였다. 원정지에서 상대를 압도하고 우승했다. 시민들이 함께 기뻐하고 즐긴 경기였다. 오래도록 기억에 남는 순간이었다."

축구와 함께 웃고 운 세월이 반평생이다. 평일 야간 경기와 타 지역 원정 경기, 주말 경기가 반복되는 축구팀 특성상 집을 비우는 날이 많았다. 살뜰하게 가족을 챙기는 가장은 되지 못했다. 스스로 "가정에서는 빵점 짜리였다"라고 고백한다. 이종하 단장은 "결혼 초에 주무 일을 맡아 가정을 많이 돌보지 못했다. 아이들이 아파서 병원에 가야 할 때도 나는 원정 경기를 따라가야 했다"며 가족에게 미안한 마음을 전했다. 딸 둘, 아들 하나. 이제 장성한 자녀들은 아버지와 포항스틸러스의 응원 부대가 됐다. 아버지가 단장으로 부임했다는 소식에 가장 기뻐하고 축하한 이들도 가족이다.
문득 이종하 단장에게 축구란 어떤 의미일지 궁금해졌다. "나의 전부"라는 답이 돌아왔다. "일생을 축구만 하고 살았기 때문"이다. 다시 한 번 포항스틸러스는 어떤 의미인지 물었다. 곰곰이 생각하던 그는 "역시 나의 전부"라며 "내 모든 뼈를 용광로 같은 이곳에 녹였다. 좋은 일도 있었고, 나쁜 일도 있었다. 그만두고 싶을 때도 많았다. 그래도 여기까지 왔다. 온갖 일을 거치고 보니 희노애락이 다 담긴 시간이었다"라고 말했다.
"축구는 서비스업이다. 팬들에게 기쁨과 즐거움을 주는 게 우리의 일이다. 지더라도 간절하게 뛰는 모습을 보여야 한다. 그래야 관중들이 흐뭇해 하고 또 경기를 보러 찾아오는 법이다. 축구라는 스포츠는 워낙 변수가 많으니까 한 골 먼저 넣어도 질 수 있다. 잘해도 질 수 있다. 그래도 홈 팬들을 위해서 마지막의 마지막까지 멋진 경기를 하는 게 우리 축구다. 50년이 더 지나도 포항이 유지해야 할 색깔이라고 생각한다."

ALL-TIME PERFECT XI 이종하's PICK

- GK: 신화용
- DF: 박원재, 홍명보, 황재원, 박경훈
- MF: 김기동, 유동관
- FW: 박태하, 이흥실(최문식), 라데
- ST: 초순호(황선홍)

포항축구의 선구자 故 박태준 회장의 친필 휘호

MF.11 고영준

포항 초대 사령탑 故 한홍기 감독 (1973~1984)   FW.27 정재희

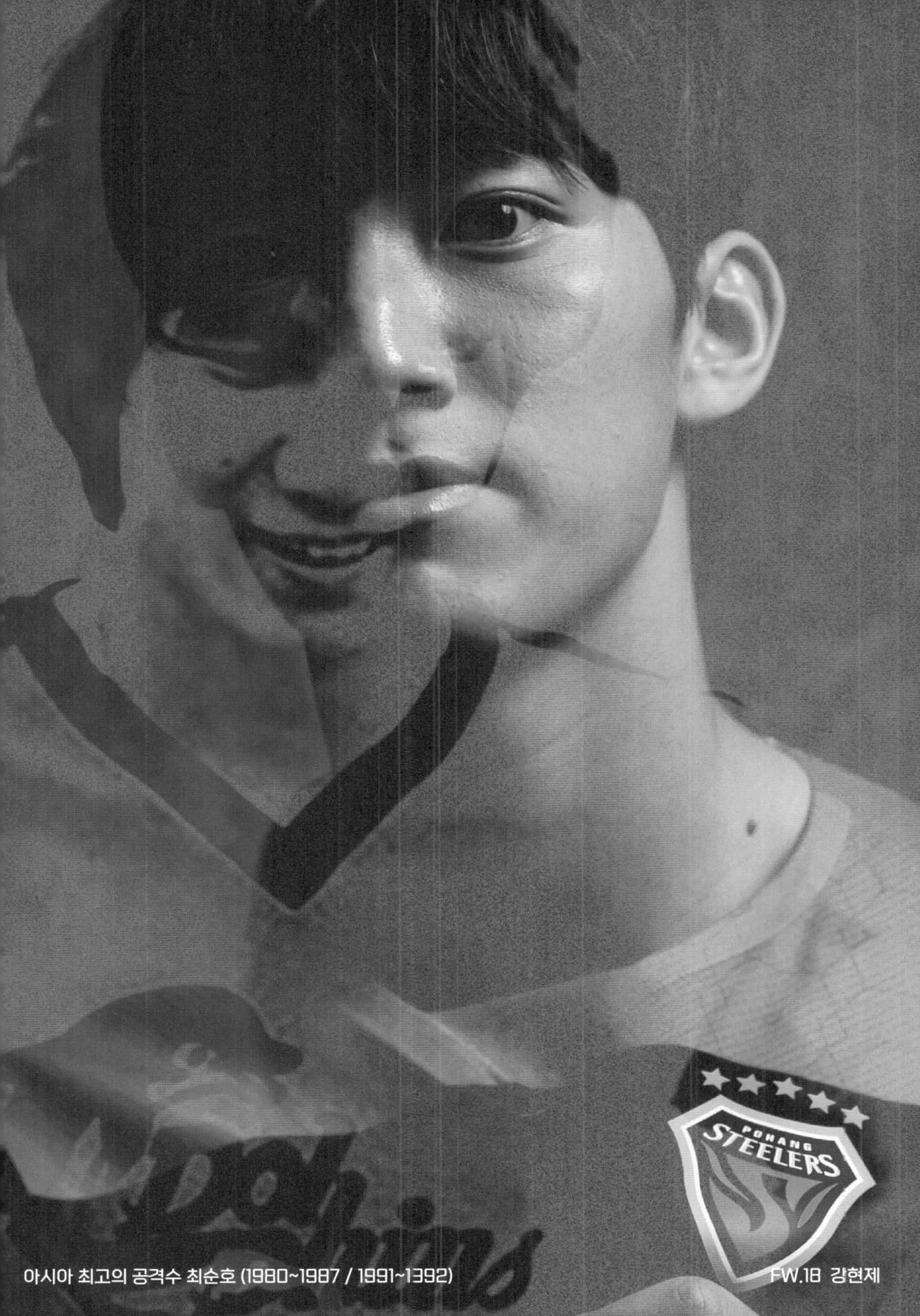

아시아 최고의 공격수 최순호 (1980~1987 / 1991~1992) FW.18 강현제

리그 3회 우승의 주역이자 원클럽맨 박경훈 (1984~1992)　　DF.2 심상민

1986 축구대제전 우승컵을 들어올리는 주장 최순호　　DF.14 박승욱

1989 건설 초기 단계의 포항스틸야드

MF.23 노경호

원클럽맨으로 남은 포항의 프랜차이즈 스타 박태하 (1991~2001) MF.17 신광훈

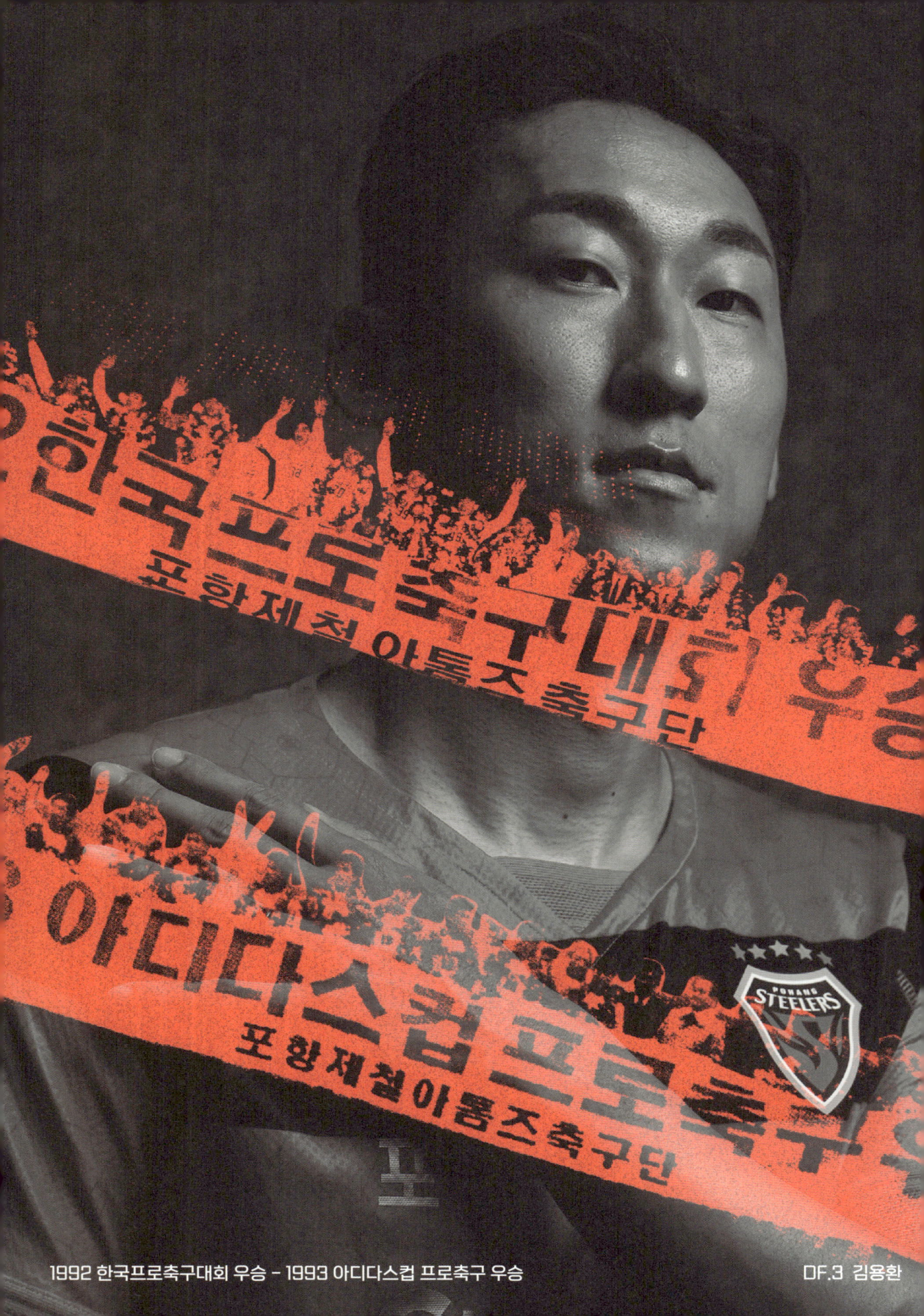

대한민국을 대표한 스트라이커 황새 황선홍 (1993~1998) FW.12 김승대

1996 FA컵 우승 납배식에 참석한 주장 안익수 (1996~1998)

FW.29 박형우

1997 관중들 앞에 첫 선을 보인 마스코트 쇠돌이

MF.16 이승모

2007 K리그 우승 트로피를 들어올리는 주장 김기동　　DF.22 박건우

2007 K리그 우승의 주역이자 MVP 따바레즈 (2004~2007)

MF.8 오베르단

2008 FA컵 우승 세레모니 MF.66 김준호

2009 피스컵 우승 트로피를 들고 기뻐하는 김기동과 황재원

MF.88 김규표

2009 AFC챔피언스리그 우승 트로피를 든 파리아스 감독 (2005~2009)　　DF.34 이규백

3rd Place diploma

POHANG STEELERS

2009 FIFA 클럽월드컵 3위로 아시아 클럽 최고 성적을 달성한 포항

FW.10 백성동

501경기 출전 기록을 달성한 철인 김기동 (1991 / 2003~2011)

감독 김기동

2011 생전 마지막으로 스틸야드를 방문한 故 박태준 회장   GK.41 조성훈

2012 FA컵 트로피를 들어올리는 황선홍 감독, 황지수, 신화용

FW.7 김인성

2012 FA컵 우승 후 스틸야드 잔디 조망 세리머니를 재현한 황선홍 감독과 노병준   MF 19 윤민호

2013 FA컵을 우승하며 대회 2연패를 달성한 포항의 챔피언 메달

DF.20 박찬용

2013 대한민국 최초의 더블우승 후 트로피에 입맞춤하는 황선홍 감독 (2011~2015)

FW.30 윤재운

구단 통산 최다 출전(385경기) 김광석 (2002~2020) DF.5 그랜트

AFC Champions League 2021 Final
AL HILAL SFC vs FC POHANG STEELERS
King Fahd International Stadium
Riyadh, 23 November 2021

2021 AFC챔피언스리그 결승전 유니폼 기념 문구   DF.13 신원철

STEELERS KIT HISTORY

창단 초기에는 오렌지 컬러였다. 1995년에는 네온 컬러에 동해의 일출을 상징하는 화려한 디자인의 유니폼을 입었다. 1996년부터 시안 블루 컬러를 메인으로 활용한 시기도 있었다. 그러나 전 시대를 통틀어 포항을 상징하는 유니폼은 검정과 빨강이 교차하는 줄무늬 디자인이다. 포항 유니폼에는 아름다운 축구에 대한 흠모와 향수가 담겨있다.

KIT HISTORY

STEELERS IN NUMBERS

1 한국 프로축구에서 포항이 걸어온 길. 포항은 각종 최초 기록을 독식하고 있다. 한국 최초 유소년 시스템을 구축했고, 축구전용구장과 클럽하우스도 최초로 건립했다. 외국인 선수를 최초 영입한 팀도 포항이었다. 브라질 감독 선임도 포항이 가장 먼저 했다.

578 K리그 39년 역사 동안 포항이 기록한 승리 수. 1983년부터 2022년까지 포항은 578승 407무 436패를 기록했다.

4 포항이 배출한 K리그1 MVP 수. 1986년 이흥실, 1988년 박경훈, 1992년 홍명보, 2007년 따바레즈가 그 주인공이다.

6 포항이 배출한 K리그1 감독상 수. 1986년 최은택 감독, 1988년 이회택 감독, 1992년 이회택 감독, 2007년 파리아스 감독, 2013년 황선홍 감독이 팀을 우승으로 이끌면서 감독상의 영예를 안았다. 2020년 김기동 감독은 팀 성적 3위에도 불구하고 지도력을 인정받아 감독상을 수상했다. 3위 이하 지도자가 감독상을 받은 건 김기동 감독이 처음이다.

40,000 포항 역대 최다 관중 수. 1989년 4월 1일, 포항종합운동장에서 열린 89한국프로축구대회 유공전에 구름 관중이 몰렸다. '공업 도시' 포항은 '축구 도시'라는 별칭을 더욱 공고히 했다.

5 포항이 배출한 K리그1 득점왕 수. 1987년 최상국(30경기 15득점)을 시작으로 3년 연속 득점왕이 포항에서 나왔다. 1988년 이기근(23경기 12득점), 1989년 조긍연(39경기 20득점)이 그 주인공이다. 그 뒤 2년 터울로 이기근(37경기 16득점), 차상해(23경기 10득점)가 득점왕을 차지했다.

17 포항이 명예의 전당에 헌액한 인물 수. 구단의 초석을 닦은 고 박태준 회장이 2013년, 만장일치로 첫 헌액 대상자가 됐다. 이어 고 한홍기 초대 감독을 비롯해 이회택, 박경훈, 이흥실, 최순호, 공문배, 이영상, 박태하, 황선홍, 홍명보, 라데, 김기동 등이 지도자·선수 부문에 선정됐다. 50주년을 맞아 김광석, 신화용, 황진성, 황지수가 추가 헌액됐다.

28,361 스틸야드 역대 최다 관중 수. 2002년 7월 13일 부산과 치른 2002삼성파브K-리그에 3만여 관중이 찾았다. 이날 전반 2분 만에 이동국의 골로 승기를 잡은 포항은 후반 3분 동점을 허용했지만, 19분여 뒤 이싸빅의 골이 터지며 짜릿한 승리를 챙겼다.

NUMBERS

72

한 시즌 역대 최다 득점. 2012시즌 포항은 정규리그 44경기 동안 72골을 돌아넣었다. 경기당 1.6골이 넘는 득점력을 보였다. 한 시즌 역대 두 번째로 많은 득점을 보인 해는 2017년과 1987년이다. 두 해 모두 64골을 기록했다.

7
역대 최다골 차 승리. 7골 차로 2번이나 승리를 거뒀다. 2011시즌 대전을 상대로 실점 없이 7골을 넣었고, 2009년에는 제주를 8-1로 제압했다.

7
포항이 배출한 K리그 신인왕 수. 1985년 이흥실을 시작으로 1998년 이동국, 2004년 문민귀, 2012년 이명주, 2013년 고무열, 2014년 김승대, 2020년 송민규까지 7명이 최고의 신인으로 꼽혔다.
*K리그는 2013년부터 신인왕 대신 영플레이어상을 수여하고 있다.

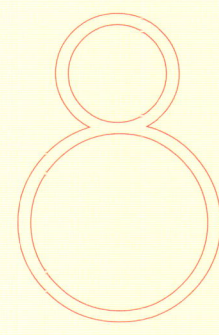

8
포항 역대 최다 연승 기록. 파리아스 감독이 지휘봉을 잡고 있던 2009년 6월 21일부터 7월 25일까지 포항은 내리 8번(피스컵 2승 포함) 이겼다. 2013년과 2015년에는 6연승을 한 차례씩 기록한 바 있다. 당시 감독은 황선홍이었다.

385
김광석이 기록한 포항 소속 최다 출장 경기 수. 그 뒤를 황지수(320경기), 신화용(287경기), 황진성(279경기), 공문배(263경기)가 따른다. 이중 황지수와 공문배는 포항 원클럽맨이다.

105
황진성이 기록한 포항 소속 최다 공격포인트 수. 황진성은 47골, 58도움을 기록했다. 공격포인트 100을 넘긴 이는 황진성이 유일하다. 라데는 47골, 58도움으로 90포인트를 기록하며 2위에 올랐다. 그 뒤는 이흥실 83포인트(48골, 35도움), 박태하 83포인트(46골, 37도움), 김승대 73포인트(40골, 33도움)가 따른다.

55
라데가 기록한 포항 소속 최다 득점 수. 포항 유니폼을 입고 50골 넘게 기록한 이는 라데가 유일하다. 그 뒤를 이흥실(48골), 이동국·황진성(47골), 박태하(46골)가 잇는다.

58
황진성이 기록한 포항 소속 최다 도움 수. 황진성은 2003년부터 2013년까지 포항에서 활약하며 58도움을 올렸다. 2위와 격차가 21개로 매우 크다. 역대 도움 2~5위는 박태하(37도움), 라데·이흥실(35도움), 김승대(32도움) 순이다.

*본문 내 모든 기록은 2022년까지 K리그 기준

SPECIAL HISTORY

STEELERS CHRONICLE

1973

포항제철 축구단 창단. 대한중석 사장이던 박태준이 포항제철 사장으로 자리를 옮기면서 새로운 팀을 만들었다. 대한중석 축구단 잔류 멤버와 최고 스타 이회택 등을 영입한 창단 멤버는 모두 13명. 초대감독은 한홍기.

1974~1978

팀 역사상 첫 우승. 실업 19개팀, 대학 10개 팀이 참가하는 당시 전국 규모 최고 대회 대통령배에서 우승했다. 결승까지 팀의 총 득점은 7골. 이회택이 7골에 모두 관여했다.

춘계실업축구연맹전, 실업축구연맹전, 실업축구회장배에서 차례로 결승에 올랐다. 춘계실업축구연맹전에서 우승(1975)을 거뒀다.

1979~1984

제3회 실업축구회장배, 실업축구연맹전에서 우승한다. 명실상부 실업축구 최강자로 맹위를 떨친 시절이다.

프로축구 수퍼리그 창설. 실업팀과 프로팀이 혼재한 리그였다. 포항제철 돌핀스로 팀명을 변경하고 수퍼리그 원년 멤버로 대회에 참가했다.

실업팀에서 프로팀으로 전환했다.

1985

팀 마스코트를 돌고래에서 철인 아톰으로 변경했다. 일본 애니메이션 철완 아톰이 전세계적으로 인기를 끈데다 '철인'이라는 캐릭터가 철강기업 이미지와 맞았다. 저작권에 대한 개념이 희박했던 시절이다.

1986~1988

실업 시절부터 12년 간 팀을 이끈 한홍기 감독이 부단장으로 승격하고 후임 최은택 감독이 1987년 우승을 지휘한다. 이후 최은택 감독은 이회택 감독에게 지휘봉을 넘겨준다.

이회택 감독이 포항에 프로 두 번째 우승컵을 안긴다.

2001~2003

포항시 북구 송라면에 클럽하우스 준공. 유럽식 전용 훈련구장과 숙소 등을 갖춘 최신식 시설로, 국내 최초의 클럽하우스다. 2002월드컵을 앞두고 크로아티아 대표팀이 숙소로 활용했다.

구단 산하 유소년 육성시스템 구축. 초등학교부터 고등학교까지 이어지는 유스 체계를 만들었다.

2005~2009

K리그 사상 최초 브라질 출신 감독 파리아스 부임. 공격 지향의 패스 축구를 추구하며 팀 색깔을 만들기 시작한다. 2007년 K리그 우승, 2008년 FA컵 우승, 2009년 더블(피스컵코리아, AFC챔피언스리그) 달성 등 파리아스 체제에서 프로팀이 따낼 수 있는 모든 타이틀을 다 얻는다. 2009년 아시아 대표로 FIFA 클럽월드컵에 참가해 3위에 올랐다.

AFC 올해의 아시아 최고 클럽에 선정됐다.

팬들이 즐거워하는 축구를 위한 팀 철학, '스틸러스 웨이'가 탄생한다.

2010~2011

2010년 11월 팀 레전드 황선홍, 9대 감독으로 부임

2011년 10월 23일 김기동, 필드 플레이어 최초 K리그 500경기 출전 달성. 포항 유니폼을 입고 대기록을 작성하면서 진짜 '철인'이 됐다.

2012

2012년 FA컵 우승, 2013년 더블(K리그-FA컵) 달성. K리그와 FA컵 동시 우승은 국내 최초다.

CHRONICLE

1973년 6월 9일, 한반도 동쪽 끝 영일만 해변의 포항제철소 제1고로에서 첫 쇳물이 쏟아졌다. 그해 포항 축구가 탄생했다. 반세기 동안 성장을 거듭한 포항 축구는 포항이라는 지역을 넘어 대한민국, 그리고 아시아 정상까지 올라서며 환희와 감동을 안기는 팀이 됐다. 성적 그 이상의 가치와 철학을 추구하며 다음 시대와 미래 세대에 유산을 남기는 팀은 포항이 유일하다. 포항의 역사는 이렇게 쓰여졌다.

1990

11월 1일 국내 최초 축구전용구장 준공. 수용규모 2만242석에 지붕과 조명을 설치해 야간 경기와 우천 관람에 편의를 제공했다. 11월 10일 준공식과 함께 역사적인 개장 경기가 열렸다. 포항제철과 고려대의 친선경기가 공식 1호 경기다

1992

프로 통산 세 번째 우승과 최고 스타 영입으로 황금기를 열었다. 신인 드래프트에서 유공에 1지명 된 홍명보를 데려오는 대신 유공에 선수 세 명을 보내는 1대3 트레이드를 단행한다. 홍명보는 그해 포항을 우승으로 이끄는 활약과 함께 신인상과 MVP를 수상한다.

1993

전년도 우승을 이끈 이회택 감독이 허정무 감독에게 지휘봉을 넘겼다. 30대 젊은 감독 허정무와 함께 세대교체를 단행한 포항은 아디다스컵에서 우승한다.

신인 드래프트에서 신생팀 단산푸마에 1지명된 황선홍을 영입하면서 더 홍실과 이기근 등 주축이 포함된 선수를 무려 8명이나 내줬다. 역사상 전무후무한 1대8 트레이드였다.

1995

프로축구 후기리그 우승. 전기리그 우승팀 일화와 챔피언결정전을 벌였다. 홈 앤드 어웨이 두 차례 경기에서도 승부를 가리지 못해 중립지역에서 3차전을 벌이는 접전 끝에 준우승. 세 경기 모두 프로축구사상 최고의 명승부로 21세기까지 회자된다.

독립법인 전환 작업 완료. 지역 밀착 구단으로 거듭난다.

1996~1998

제1회 FA컵 우승

1997년 팀명을 포항아톰즈에서 포항스틸러스로 변경한다.

제16회, 제17회 아시아클럽챔피언십 2연패. 오늘날 챔피언스리그와 같은 성격의 대회로, 포항은 국내에서 아시아 클럽 대항전에서 2연패한 최초의 팀이 됐다.

2013

포항 축구에 다양한 수식어가 생겼다. 외국인 선수 한 명 없이 국내 선수만으로 운영하는 '쇄국축구'로 정상에 오르는 기염을 토했고, 유스시스템에서 성장한 선수들이 팀의 주축으로 자리잡으며 '화수분 축구'를 향한 찬사도 이어졌다. 짧고 빠른 패스 플레이와 제로톱 전술 등이 당대 최고팀 FC바르셀로나를 연상시킨다 하여 '스틸타카 (스틸러스+티키타카)'라는 수식어도 얻었다.

5월 창단 40주년을 맞아 명예의 전당을 만들었다. 구단 단독으로 명예의 전당을 만든 것은 프로축구 통틀어 포항이 처음이다. E석 스탠드명을 박태준 전 회장의 호를 따 '청암존'이라고 명명했다. 경기장 특정 구역에 인물의 이름을 붙인 것 역시 포항이 최초다.

2016~2019

9월 6대 감독 (2000~2004)이었던 최순호 감독이 11대 감독으로 복귀. 창단 후 첫 강등 위기에 놓인 팀의 소방수 역할을 자처했다. 가까스로 1부리그 잔류.

2019~2022

클럽하우스 내 국내 최초 퍼포먼스센터 오픈

2019년 4월 포항 12대 감독 김기동 부임. '기동타격대' 시대의 개막.

구단 재정 환경이 과거와 달리 풍요롭지 않음에도 유스시스템을 활용한 선수 수급 및 셀링, 감독의 리더십과 전술 전략으로 새로운 전성기를 쓰는 중이다. 김기동 감독은 데뷔 시즌 4위, 2020년 K리그 3위, 2021년 AFC 챔피언스리그 준우승, 2022년 K리그 3위 등 호성적을 지휘했다. 특히 2020년, 3위 팀 감독으로는 처음으로 K리그 감독상을 수상했다.

1984~

CHAPTER 7

WRITING THE FUTURE
WITH OUR YOUTH

그리고, 더 50

포항 축구의 근간은 유스시스템에 있다. 우수한 인재의 조기 발굴 및 육성이 한국 축구의 발전이라는 기본 이념을 가진 포항은 국내 프로 구단 중 가장 먼저 유스시스템을 완성한 뒤 끊임없이 발전시켜 왔다.

포항의 저력은 초중고로 이어지는 체계적인 시스템이 큰 몫을 차지한다. 유스는 상급 학교로 진학해도 연속성을 갖는다. 축구 철학과 전술의 전략적 연계성은 조직력으로 이어져 특유의 빠른 패스와 강한 압박을 바탕으로 한 포항 축구를 완성하고 있다.

최초 그리고 최고, 유스시스템

선견지명으로 시작된 일이었다. 포항스틸러스는 1984년 포항제철중학교에 축구팀을 창단한 이후 1985년 포항제철공업고등학교, 1988년 포항제철동초등학교에 축구팀을 연이어 창단하며 국내 최초 전 연령별 축구팀을 보유한 프로 구단이 됐다.

2000년에는 선진 축구 기술 습득과 우수 선수 장기 육성을 위해 브라질의 지코축구학교 및 알리키축구클럽과 연계하여 축구 유학을 실시했다. 포철제철공업고등학교 외에도 대구의 청구고등학교, 서울의 보인고등학교를 지원했으며, 2007년까지 8년간 황진성, 신진호, 박주영, 오범석, 송동진, 이진석, 김준수 등 40여 명이 혜택을 받았다. 지도자 역시 유학 과정에 함께해 다양한 학습 기회를 가졌다.

2003년에는 한국 프로축구 최초로 포스코교육재단(구 제철교육재단) 산하 축구부에 속해있던 포항제철동초등학교(U-12), 포항제철중학교(U-15) 및 포항제철공업고등학교(U-18)를 포항스틸러스 소속으로 전환해 장기적인 유소년 육성 시스템을 완성했다. 구단은 학교를 연고지명 학교로 지정해 선수 관리 및 육성을 포함한 운영 일체를 맡고, 선수들은 구단의 안정된 지원 속에서 훈련과 경기에만 매진할 수 있게 됐다. 2013년에는 포항제철공업고등학교가 마이스터고로 전환되면서 운동부 운영이 불가능해져 재단 내 고교인 포항제철고등학교로 이관 창단해 정체성을 이어오고 있다.

포항은 철강 산업 위축으로 예산이 줄어도 유스시스템에 투자하는 비용은 유지될 수 있도록 스틸야드 입장 수익과 구단 관련 용품 수익 전액을 유스시스템에 배정하는 등 유스 양성을 최우선으로 하고 있다. 예산은 지역 내외 유망주를 조기 발굴해 국내 최고 선수로 육성하는데 쓰이고 있다. 포항은 국내외 최고 지도자를 영입하고, 훈련과 경기에 필요한 모든 장비와 숙식 및 간식 일체를 제공하고 있다. 유스시스템은 꾸준히 세계적인 트렌드에 발맞춰 나가고 있다. 2013년에는 유소년 축구의 한 단계 더 높은 발전을 위해 꿈나무 창조 기획단을 신설했다. 골자는 유소년 육성 시스템의 국제 경쟁력 강화와 유소년 선수들을 위한 다양한 진로 교육이었다.

포항은 해외 선진 클럽과 기술 교류, 정보 수집, 성공 사례 분석 등에 집중한 뒤 국내 환경에 맞춰 접목하고 있다. 또한 글로벌 선수 육성을 위해 우수 선수는 해외 유학을 통한 기량 향상을 유도하고, 전 선수를 대상으로 전문 강사가 진행하는 별도의 영어 수업을 편성해 세계 무대에서 빠르게 적응할 수 있도록 돕는 중이다. 유소년 지도자는 해외 선진 유스시스템 견학 기회를 제공해 포항의 유스시스템의 보완 및 발전 방안을 스스로 제시할 수 있도록 유도하고 있다.

포항의 유스시스템은 40여 년간 이동국, 신화용, 황진성, 오범석, 박원재, 이명주, 신진호, 신광훈, 김대호, 고무열, 김승대, 고영준 등을 배출하며 한국 축구의 요람임을 끊임없이 증명했다. 포항의 화수분은 위기 때마다 포항을 지탱했다. 외국인 선수 없이 더블을 차지한 2013년, 자체 육성률은 무려 41퍼센트를 넘었다.

포항제철초등학교, 포항제철중학교, 포항제철고등학교는 수많은 전국 유청소년 대회에서 우승하며 포항의 마르지 않는 샘이자 한국 축구의 산실로 기능하고 있다. 꾸준히 경쟁력을 유지하는 포항을 두고 항간에서는 미스터리라고 하지만 노력없는 결실은 없다.

어린이 축구교실

포항스틸러스 어린이 축구교실의 역사는 1991년으로 거슬러 올라간다. 유스 클럽의 뼈대를 튼튼히 하고 축구 저변 확대, 우수 선수의 조기 발견 및 육성을 목표로 시작된 어린이 축구교실은 1994년까지 매해 실시됐다. 한홍기 유스 클럽 총 감독을 필두로 각 연령대별 지도자와 레크리에이션을 전문으로 하는 전임강사를 선정해 1991년 한 해에만 53회, 총 5,106명이 참여했고 1992년, 1993년, 1994년 3년 동안 약 70회 1만 명에 가까운 어린이가 어린이 축구교실을 통해 축구를 배우고 축구 선수의 꿈을 꿨다.

1991년부터 매년 3월~11월에 주 1회 또는 2회, 주말에 포항제철동초등학교, 포항제철서초등학교, 포항제철중학교, 포항제철공업고등학교, 포항공과대학교 등에서 분산 개최됐으며 하루 약 2시간 일정으로 이뤄진 수업은 이론과 실기, 그리고 총평 순으로 진행됐다.

특히 1992년 축구교실에는 포항아톰즈의 이회택 감독, 허정무 코치를 비롯해 홍명보, 이흥실, 이기근 등 주축 선수들이 적극 참여해 축구 붐 조성에 기여했다. 1994년 역시 황선홍, 라데, 이영상, 최문식, 홍명보, 노태경 등 포항의 레전드들이 대거 자리를 빛냈다.

전국이 축구 열기로 가득했던 2002년 한일월드컵 이후 포항은 어린이 축구 저변 확대가 한국 축구의 미래라는 인식을 가지고 어린이 축구교실 전용구장에 대한 계획을 수립하기 시작했다. 그 결과 포항의 남구와 북구 각 1개소에 어린이 축구교실 전용구장 건설이라는 명분 아래 포항시가 시유지를 제공했고 포스코에서 시설 건설비를 지원해 남구 이동과 북구 장성동 공원 부지에 어린이 축구교실 전용구장을 건설했다.

2003년 12월 5일, 어린이 축구교실 전용구장 개장식은 대대적으로 치러졌다. 포항스틸러스 사장, 단장뿐만 아니라 포항시장, 의장, 제철소장, 지역구 국회의원 등 다양한 인사들과 그 외 기관장을 포함한 58명, 프로선수단 코칭스텝 및 선수 45명, 구단 산하 초중고 유스 선수단 코칭스텝 및 선수 95명 등 약 300명이 개장식에 참석했다.

어린이 축구교실 개강 및 개장 후 2003년부터 2012년까지 매해 평균 2,400명이 등록했다. 축구교실을 거친 회원은 총 2만4,202명이다.

포항은 2013년 어린이 축구교실의 막을 내리고 밀접한 지역사회 공헌을 위한 다양한 프로그램 진행에 보다 집중하고 있다. 포항제철초등학교 내 U-10은 우수 자원의 조기 발견 및 육성은 물론 보급반 역할까지 하고 있다.

글 **조형애**

WRITING THE FUTURE WITH OUR YOUTH

포항스틸러스 U-18 (포항제철고등학교)

창단: 1985년
*2013년 포항제철공업고등학교에서 이관

전문 과정기로 전문적인 트레이닝을 도입하는 최대발달 단계다. 프로페셔널한 마인드 함양 및 포항스틸러스에서 쓰고 있는 전술에 집중한다. 빠른 전환과 마무리, 압박, 지역 방어 능력 등을 키우고 경기 중 변화에 능동적으로 대처할 수 있는 판단 능력을 심화하는 데 중점을 둔다. 프로와 자연스럽게 연계될 수 있도록 한다.

포항스틸러스 U-15 (포항제철중학교)

창단: 1984년

경기 형성기로 선수 입문기와 전문 과정기의 중간 단계다. 체격이 가장 많이 성장하는 시기이기 때문에 학년별 세부 관리가 이뤄진다. 목적도 상이하다. 1학년은 개인 특성 파악과 충분한 휴식에 중점을 두고, 2학년은 심리 안정과 인성 함양, 3학년은 개별 특성에 따른 전술적 움직임 등 기량 발전에 집중한다.

포항스틸러스 U-12 (포항제철초등학교)

창단: 1988년 *2017년 포항제철동초등학교와 포항제철서초등학교 통합

선수 입문기로 기본기를 다지는 단계다. 체계적인 기본기 학습과 반복, 실제 적용 등 기술 훈련이 주로 이뤄진다. 포항 특유의 패스 축구를 위한 기본 그룹 전술 및 개인 전술 학습도 진행된다. 체력은 미니 게임을 통해 키우고, 축구에 대한 흥미를 잃지 않도록 심리 교육도 곁들인다.

INFOGRAPHY

포항스틸러스 U-12

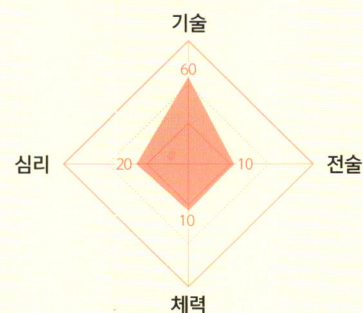

우승 **37**회　　준우승 **2**회

포항스틸러스 U-15

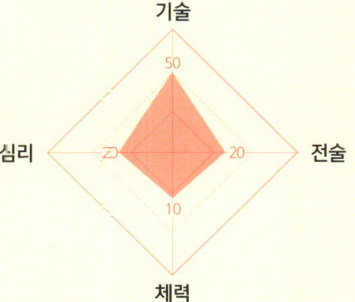

우승 **26**회　　준우승 **4**회

포항스틸러스 U-18

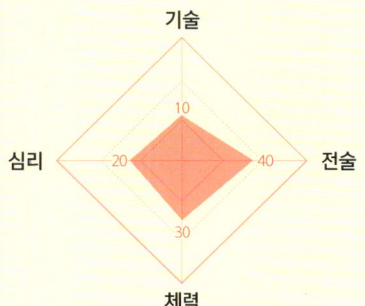

우승 **24**회　　준우승 **10**회

연도	U-12	연도	U-15	연도	U-18
2022	풋매니아 국제대회 우승	2023	춘계 증등 연맹전 우승	2020	전국 고등 축구리그 왕중왕전 우승
2022	경북학생체전 우승	2019	꿈자람 페스티벌 우승	2020	부산 MBC배 전국 고교 축구대회 우승
2022	꿈자람 페스티벌 우승	2019	U15 춘계 중등 연맹전 우승	2020	K리그 챔피언십 우승
2022	화랑대기 전국 유소년 축구대회 우승	2019	U14 춘계 중등 연맹전 우승	2019	경북학생체전 우승
2022	챔피언십 우승	2018	전국 소년체전 우승	2019	경북도민체전 우승
2021	꿈자람 페스티벌 우승	2016	금석배 전국 중학교 축구대회 우승	2019	K리그 주니어 전기리그 우승
2021	화랑대기 전국 유소년 축구대회 우승	2014	Qatar Tri Tournament 우승	2019	부산 MBC배 전국 고교 축구대회 우승
2016	화랑대기 전국 유소년 축구대회 우승	2014	C33 International Football Tournament 우승	2018	후기 전국 고등 축구리그 왕중왕전 우승
2015	화랑대기 전국 유소년 축구대회 우승	2014	전국 소년체전 우승	2018	경북학생체전 우승
2015	전국 소년체전 우승	2013	대한축구협회장배 전국 중학교 축구대회 우승	2018	경북도민체전 우승
2015	금석배 전국 초등 축구대회 우승	2013	맨유 크리미어컵 춘계 중등 연맹전 우승	2017	K리그 챔피언십 우승
2014	Malaysia Supermokh Cup 우승	2012	맨유 크리미어컵 8강	2016	경북학생체전 우승
2014	화랑대기 전국 유소년 축구대회 우승	2012	전국 소년체전 우승	2015	후기 전국 고등 축구리그 왕중왕전 우승
2014	금석배 전국 초등 축구대회 우승	2012	맨유 크리미어컵 춘계 중등 연맹전 우승	2014	전국체전 우승
2013	화랑대기 전국 유소년 축구대회 우승	2011	전국 중등 축구리그 왕중왕전	2014	한중일 주니어 종합 경기대회 우승
2013	금석배 전국 초등 축구대회 우승	2011	맨유 크리미어컵 춘계 중등 연맹전 우승	2014	대통령금배 전국 고교 축구대회 우승
2012	다논 네이션스컵 우승	2010	맨유 크리미어컵 춘계 중등 연맹전 우승	2014	문화체육부장관기 전국 고교 축구대회 우승
2012	화랑대기 전국 유소년 축구대회 우승	2010	탐라기 전국 중학교 축구대회 우승	2013	전국 고등 축구리그 왕중왕전 우승
2011	전국 소년체전 우승	2009	맨유 크리미어컵 춘계 중등 연맹전 우승	2010	백록기 전국 고교 축구대회 우승
2010	화랑대기 전국 유소년 축구대회 우승	2007	추계 중등 연맹전 우승	2005	춘계 고교 축구연맹전 우승
2008	화랑대기 전국 유소년 축구대회 우승				
2007	화랑대기 전국 유소년 축구대회 우승				

*본문 내 모든 기록은 2003년 이후 기준

WRITING THE FUTURE WITH OUR YOUTH

이동국
1998년 졸업
*은퇴

백기태
1998년 졸업
*포항스틸러스 유스 디렉터

신화용
2002년 졸업
*은퇴

오범석
2003년 졸업
*은퇴

신광훈
2006년 졸업
포항스틸러스~

신진호
2007년 졸업
인천유나이티드~

김대호
2007년 졸업
*은퇴

고무열
2009년 졸업
충남아산~

손준호
2011년 졸업
산둥타이산~

문창진
2012년 졸업
성남FC~

강현무
2014년 졸업
김천상무~

이광혁
2014년 졸업
수원FC~

이진현
2016년 졸업
대전하나시티즌~

이승모
2017년 졸업
포항스틸러스~

이수빈
2019년 졸업
전북현대~

고영준
2020년 졸업
포항스틸러스~

INFOGRAPHY

황진성
2003년 졸업
*은퇴

박원재
2003년 졸업
*은퇴

이명주
2009년 졸업
인천유나이티드~

김승대
2010년 졸업
포항스틸러스~

황희찬
2015년 졸업
울버햄튼원더러스~

이상기
2015년 졸업
광주FC~

홍윤상
2021년 졸업
볼프스부르크~

이현주
2022년 졸업
바이에른뮌헨~

2
포항스틸러스 U-18의 유스 챔피언십 우승 횟수. 2015년 시작된 유스 챔피언십은 K리그 프로 산하 유소년 팀이 모두 참가하는 명실상부 국내 최고의 유소년 대회다. 2회 우승한 팀은 포항스틸러스 U-18이 유일하다.

64%
2014년 전반기에 보인 포항스틸러스의 유스 출신 주전 비중. 2003년 초중고 자체 육성 시스템을 국내 최초로 완성한 포항은 자체 육성률, 유스 출신 주전 출전율에서 리그 최고 수준을 유지하고 있다. 특히 2014년에는 전체 선수단의 43퍼센트가 유스 출신이었다. 전반기에는 무려 7명이 주전으로 활약했다.

131
우선 지명 선수 수. K리그 드래프트가 실시된 2006년 12월 이후 2023년까지 131명이 포항의 지명을 받았다.

41
포항스틸러스의 지원을 받아 지코축구센터와 알리키축구아카데미로 축구 유학을 간 선수. 2000년부터 8년간 7기가 운영됐으며 황진성, 오범석, 박주영, 신진호 등 41명이 혜택을 받았다.

24,202
어린이 축구교실을 거친 총 회원 수. 어린이 축구 저변 확대가 한국 축구의 미래라는 인식을 가지고 어린이 축구교실을 10년간 운영했다. 2003년부터 2012년까지 매해 평균 2,400명이 등록했다.

유스라는 자부심 그리고 낭만

황진성

―

인터뷰 **조형애**

황진성은 포항스틸러스 역대 최다 도움, 최다 공격포인트 기록을 보유하고 있다. 포항은 그를 유스시스템의 상징이자 꽃이라 하고, 그는 포항을 자부심이자 낭만이라 한다.

고등학생 때 포철공고와 첫 인연이 닿았다. 당시 포철공고는 어떤 이미지였나?
중학교를 졸업하고 보인고로 진학했는데, 그 이유가 포항스틸러스에서 포철공고, 청구고, 보인고 선수를 선발해서 브라질 축구 유학을 보내준다고 했기 때문이다. 애초에 보인고를 택한 이유가 포항과 축구 유학 때문이었다. 축구 유학을 가 있는 동안 스카우트 제의를 받았다. "포항 올 생각 있니?" 그 말이 정말 좋았다. 포항을 원래 좋아했다. 포항의 지원으로 간 브라질에서 유스 팀 입단 제의까지 받아 감사했다. 가서 잘하면 포항에 입단할 수 있겠다는 기대감도 있었다.

2000년, 브라질 지코축구학교로 1년간 축구 유학을 떠났다. 당시 경험을 들려달라.
브라질에서 축구한다는 그 자체가 신기했다. 매주 토요일마다 경기를 했는데, 잘하는 팀도 그렇지 않은 팀도 있었다. 인상 깊었던 건 어떤 팀이든 엄청난 에이스가 한 명씩 꼭 있었다는 사실이다. 매주 네이마르, 제수스 같은 선수를 봤다. 브라질 축구가 강할 수밖에 없는 이유를 느꼈고 자극도 받았다. 천연 잔디에서 운동을 해 좋았던 기억도 선명하다. 그러면서 기술적으로 도움을 받았다. 포워드와 공격형 미드필더 외 다른 포지션에서 뛰어본 것도 그때가 처음이다. 공격 주문을 상당히 많이 받는 왼쪽 사이드백이었는데, 그 자리에서 외국인 선수들과 몸으로 부딪히며 많이 배웠다.

브라질에서 돌아와 포철공고로 전학했다. 적응은 어렵지 않았나?
난 서울에서 태어나 서울에서 쭉 자랐다. 처음 포항에 가서 든 생각은 '얘들이 왜 이렇게 싸우지?'였다. 적응하고 나니까 편하게 이야기하는 거더라. 3학년 형들이 정말 축구를 잘했다는 건 확실히 기억난다. 잘하는 사람들과 축구하면 정말 재밌다. 즐겁게 축구했다.

포항 유스 체계가 체계적으로 자리 잡는 시기였다. 당시 어떤 점을 가장 중점적으로 배웠나?
2003년 초중고를 연계하는 유스시스템을 구축한 것으로 안다. 내가 딱 그 직전인 2001년과 2002년 포철공고를 다녔다. 당시 김병수 선생님이 코치로 계셨다. 거의 그분께 공격형 미드필더로서 필요한 모든 것을 배웠다고 생각한다. 패스를 예로 들어 보면, 그전까지는 '패스는 뛰어가는 사람에게 주는 것'이라고 배웠다. 포철공고에서는 뛰어가는 사람 발 밑에 줄 건지, 강약 조절을 해서 빈공간에 줄 건지, 여러 디테일을 배웠다. 그때 배운 것으로 선수 생활을 오래 할 수 있었다고 생각한다. 난 정말 어렸을 때 잘 배운 케이스다. 일반 팀은 김병수 선생님 같은 좋은 지도자를 영입하기 쉽지 않다. 지도 레벨이 높고 경험이 많은 분께 배울 수 있는 환경을 포철공고가 만들어줬다. 내가 졸업한 이후 보다 체계가 잡힌 게 보인다. 적어도 포항은 유스 선수가 프로에 올라가서도 큰 괴리감 없이 플레이할 수 있을 것 같다.

포항 유스라서 달랐던 점이 있나?
검빨 유니폼을 입으면 나오는 파워가 있는 것 같다. 심도 적 안정감이랄까. 유스 때부터 자부심이 있었다. 외부에서도 다르게 바라봤다. 프로 구단 산하의 유스라는 개념이 당시만 해도 낯설었다. 거의 없었다고 해도 무방할 것 같다. 대회 가서 버스를 주차하려고 하면 그때부터 주변에서 '포항스틸러스 유스 떴다'는 식으로 웅성웅성했고, 어린 마음에 어깨가 으쓱해서 내리곤 했다.

은퇴 후 축구와 계속 연을 이어오고 있다. 축구 교실을 운영하다 고등학교 클럽팀 풋볼A를 창단, 감독직을 맡고 있다.
프로 선수 생활하면서 심적으로 힘들었다. 프로는 치열한 경쟁을 매일매일 겪는다. 난 누구와 싸우고 또 누굴 밟고 올라설 때 마음이 힘든 사람이다. 한마디로 성격이 축구 선수와는 안 맞았다. 그래서 순수하게 축구를 좋아하는 아이들과 재밌게 뛰놀고 싶다는 생각으로 축구 교실을 했다. 시간이 어느 정도 지나 엘리트 선수도 지도해 보고 싶다는 생각이 들었고, 마침 이슬기 코치가 좋은 제안을 해주어 풋볼A라는 팀에서 유소년들을 가르치고 있다.

유소년 선수를 지도하며 무엇을 가장 강조하고 있나?
태도다. 항상 "좋은 선수가 되기 전에 좋은 사람이 되자"고 말한다. 우리 팀에선 태도 좋은 선수가 먼저 경기에 나간다. 코칭스태프부터 바른 태도를 보이려고 한다. 감사하게도 선수들이 믿고 따라주고 있다. 성적 지향적인 팀과는 다른 팀을 만들고 싶다. 성적기 물론 중요하지만 맹목적으로 쫓지 않았으면 한다. 즐겁게 훈련하는 분위기를 만들고 싶다. 또 팀에 있는 동안 성장해서 여러 방면으로 진로를 선택할 수 있게 도와주려 하고 있다. 축구를 하는 유소년 선수 백 명 중 불과 세 명이 프로 선수가 된다고 한다. 난 나머지 아흔일곱 명도 축구 안에서 잘 살아갈 수 있도록 선택지를 마련하고 싶다. 그래서 훈련과 경기 외에도 스포츠 심리 교육, 전력 분석 교육 등 다양하게 실시하고 있다.

끝으로, 포항 유스라는 건 풋볼A 황진성 감독에게 어떤 의미인가?
포항이 나를 프로 선수로 만들어 준 구단이라면, 포철공고는 프로 선수가 될 수 있게 준비를 시켜준 팀이다. 역사와 전통이 있는 명문팀 유스라는 사실에 자부심을 느꼈다. 그 자부심은 여전하다. 프로 선수가 돼서 스틸야드에 섰을 때, 상대가 위축되고 있다는 느낌을 받았다. 거기서 뛰는 게 든든했다. 포항 유스라서 더 큰 응원을 받았고, 그럴 때마다 '여기선 뭐든 할 수 있겠다'는 느낌이 들었다. 개인적으로 (고)영준이를 좋아한다. 초중고 포항 유스시스템을 모두 밟은, 소위 말하는 '성골' 유스다. 고등학교 2년만 있었던 나로서는 부럽기도 하다. 포항 유스로 쭉 커온 선수가 포항스틸러스에서 뛴다는 게… 낭만이 있는 것 같다.

YOUTH PERFECT XI — 황진성's PICK

PARK TAEJOON

CHAPTER 8

THE DREAMER

청암의 꿈

일러스트 김우

청암 박태준, 한국 프로축구의 '최초'들을 만든 사나이

2011년 5월 15일 포항 스틸야드에 정말 귀한 손님이 찾아왔다. 청암(靑巖) 박태준 포스코 명예회장(당시 직책·이하 회장)이었다. 그가 찾은 스틸야드는 1988년 말 착공해 1990년 11월 완공된 국내 최초의 축구전용구장이었다. 넓은 육상트랙을 끼고 있는 종합운동장에 익숙했던 축구 팬에게 스틸야드는 하나의 '혁명'이었다. 2만242명을 수용할 수 있는 이 곳은 관중석과 그라운드의 거리가 단 6미터에 불과했다. 피치를 달리는 선수들의 거친 숨소리까지 느낄 수 있는 경험은 한동안 여기에서만 가능했다. 2002년 월드컵 개최지 결정을 위한 국제축구연맹(FIFA) 실사단이 1995년 한국을 방문했을 때 그들에게 보여줄 수 있는 전용구장은 오직 이 곳뿐이었다. 스틸야드는 월드컵 유치에 보이지 않은 공헌을 했다. '축구 전용구장 하나없는 나라에서 무슨 월드컵을 여느냐'는 세계 여론의 힐난에서 간신히 자유로워질 수 있었으니 말이다. 한국의 경제발전을 위해서 제철소를 세웠듯이 축구발전을 위해서 전용구장을 만들었던 박태준 회장의 혜안이 빛나는 순간이었다. 개장 전의 스틸야드 그라운드에서 잡초를 뽑으면서 잔디를 고르는 1장의 사진은 축구에 대한 그의 사랑과 진심을 단적으로 보여준다.

한데 공교롭게도 스틸야드 개장 이후 그는 이 곳을 찾을 수가 없었다. 1992년 12월 제14대 대통령 선거를 둘러싼

정치적인 격랑속에 빠져들면서 그후 오랜 기간 계획하지 않았던 말년을 보내게 됐기 때문이다. 포항 축구단을 만들었고, 스틸야드를 건립했던 그가 이 곳에서 경기를 직접 관전한 것은 그날이 처음이었다. 그리고 마지막이 됐다. 스틸야드 방문 이후 불과 7개월여뒤인 그해 12월 13일 오후 5시20분경 서울 신촌 세브란스병원 중환자실에서 84년 2개월 보름여에 걸친 거대한 인생을 마무리했다.

그날 1만6,000여명의 홈팬은 따뜻한 박수와 큰 연호로 클럽의 창립자를 환영했고, 평소 즐겨쓰던 중절모 차림의 그는 손을 흔들어 답례했다. 구단은 특별한 손님을 위해 옛 사진들을 전시하기도 했는데, 그 가운데는 1975년 8월 포항제철 실업축구단이 신일본제철 축구팀을 초청해 가진 친선 경기 시축 장면도 있었다. 사진을 자세히 살펴보면 축구공을 힘차게 차는 그의 발에는 구두나 은동화가 아닌 군용 워커가 착용되어 있다. '짧은 일생을 영원 조국에'라는 좌우명으로 평생 제철보국(製鐵報國)의 삶을 치열하게 살아왔던 그는 제철소를 만들 때도 최전선의 사령관을 자임했다. 허허벌판의 모래투성이 영일만에 세워졌던 60평짜리 2층 목조건물의 현장 지휘소는 제2차 세계대전 당시 사막의 영웅 롬멜 장군의 야전군 지휘소와 비슷하다고 해서 '롬멜 하우스'라 불렸다. 삼성 창업주인 호암(湖巖) 이병철 회장은 17년의 나이 차이에도 청암이라는 호를 지어줄 정도로 깊은 우정을 나눴는데 그는 박태준 회장을 일러 "군인의 기와 기업인의 혼을 가진 사람"이라고 평했다. 어쩌면 사진속 군용 워커나 '롬멜 하우스'는 그런 기를 상징하는지도 모르겠다.

축구단 창단 멤버인 안기헌 전 대한축구협회 전무이사는 지금도 1973년 7월 3일 포철 1기 설비 종합준공식 때를 회상하면 가슴이 벅차오른다. 박태준 회장이 준공식 행사에 참석한 박정희 대통령을 향해 "앞으로 포철은 중화학공업의 핵심적 위치를 점하며, 보다 비약적인 국가경제 발전에 공헌할 것으로 확신합니다"라고 보고하던 그 순간에 실업축구 초년생 안기헌도 창단 멤버들과 함께 행사장에 도열해 있었다. 그는 "회장님께서 그 엄청난 행사에 축구 선수들을 참여시킨 뜻은 과연 무엇일까라고 고민했던 기억이 난다. 어린 마음에도 '정말 대단하다, 축구단을 그만큼 중요하게 생각하시는구나'라며 비장한 각오를 다졌다. 축구단의 가치가 기업에도 좋은 영향을 준다는 철학을 가지신 분이었다"고 회상했다.

포항제철과 신일본제철은 1973년부터 1979년까지 양국을 오가면서 총 12번의 친선 경기를 치렀다. 상대 전적은 포철이 10승 1무 1패로 우세했다. 안기헌의 회고는 계속된다. "초창기에 신일본제철에게 기술도 배우고, 투자도 받았다. 두 회사 사이에 축구를 통해 친선을 다지니 자연스럽게 기술교류나 인적교류도 우호적인 분위기에서 이뤄졌다. 회장님의 뜻대로였다. 축구 실력은 조금 앞섰으니 이기는 경우가 많았다. 사원들에게 대리만족이 되고, 사기가 오르는 측면도 있었다. 국제 경기가 귀할 때였으니 관심도 많았는데, 축구로 일본을 이기는 기쁨을 국민들에게 드렸던 것도 사실이었다."

박태준 회장은 1927년 경상남도 동래군에서 태어났다. 1948년 육군사관학교 6기로 졸업해 1963년 소장으로 예편할 때까지 군인의 삶을 살았다. 그가 축구와 직접 인연을 맺은 것은 박정희 대통령의 지시로 1964년 국영기업인 대한중석의 사장으로 영입되면서부터다. 대한중석은 한국전력, 석탄공사 등과 함께 몇 개밖에 없던 실업팀을 운영하고 있었지만 선수들의 처우는 형편없었고 운동에 전념할 수 있는 상황도 아니었다. 1950년대부터 이어져오던 이 틀을 근본적으로 바꿔놓은 이가 박 회장이었다.

'박태준은 어느날 광산 현장에서 낯익은 광부들을 발견했다. 축구 국가대표선수 함흥철, 김정석, 조윤옥 등이었다. 국가대표 감독 한홍기의 얼굴도 보였다. 사정을 알아봤다. 축구단 운영에 연간 1억 원쯤 소요되어 평소엔 광부로 부려먹다가 시합이 다가오면 합숙훈련을 시키는데, 대우도 형편없다고 했다. 선수들에게 당장 보따리 챙겨 서울로 올라가라고 지시해놓고, 대한중석 축구팀을 제대로 육성할 방안을 마련하라고 호령했다. 박태준은 축구를 좋아했다. 온국민이 즐기는 국기(國技)인데다, 곤궁함에 빠진 한국이 축구로는 번번이 일본을 이겼기 때문이다. 대한중석 축구단은 뒷날 포스코 축구단 창단의 주축을 이루게 된다.' (이대환 저, 《세계 최고의 철강인 박태준》, p.206~207에서 인용)

포항제철축구단이 본격적으로 태동한 것은 1972년

여름이었다. 그해 1월 해체한 대한중석축구팀에서 한홍기 감독과 핵심 선수들이 신생팀 창단 멤버로 합류했다. 10명도 안되는 소수 인원으로 성균관대 인근 장생여관에서 합숙 훈련에 들어간 것이 포철축구단의 시작이었다. 1973년 4월 1일 공식 창단한 포항제철은 이듬해인 1974년 제22회 대통령배 쟁탈 전국축구대회에서 우승하면서 단숨에 실업 명문으로 자리매김했다. 이 대회에서 재기에 성공한 '풍운아' 이회택은 박 회장과의 인연을 다음과 같이 돌아봤다.
'1972년 한양대 3학년 2학기, 당시 국가대표 감독을 지내기도 한 한홍기 선생이 만남을 청했다. 박태준 회장의 명이라고 했다. "1973년에 포철축구단이 창단된다. 초대 감독으로 발령이 났다. 박태준 회장이 지명했으니 포철에 입단하라"는 전갈이었다. 망설일 이유가 없었다. 1980년 은퇴할 때까지 포철 유니폼을 입었다. (포철 감독이던)1988년은 인생의 터닝 포인트였다. 개막을 앞두고 박태준 회장이 "이 감독, 집 없지? 우승하면 집 사준다"고 했다. 이런저런 관리 소홀로 집을 날리고, 그때까지 한양대의 배려로 학교 관사에서 지내던 사정을 알고 한 약속이었다. 우승한 뒤 받은 포상금은 1억200만 원. 서울 송파의 아파트를 사기에 충분한 금액이었다.' (<월간조선>, 2021년 6월호에서 인용)

한홍기 감독의 존재는 박 회장의 축구 인생을 논할 때 절대로 빼놓을 수 없다. 마치 삼국지에서 유비가 제갈량을 만나서 평천하(平天下)를 위한 대계를 논하는 장면을 연상케 한다. 한 감독은 1972년 아마추어 축구팀 창단 사령탑으로 선임된 것을 시작으로 1993년 명예 퇴직할 때까지 21년 동안 감독, 부단장, 총감독, 고문 등을 차례로 역임하면서 '박태준의 꿈'을 현실로 만들었다. 인재영입과 육성, 축구전용구장 건립 등 수많은 일들이 두 사람의 의기투합으로 진행됐다. 창단 멤버인 황종현 전 단장은 포스코 뉴스룸에 연재된 '남기고 싶은 이야기'를 통해서 수어지교(水魚之交)와 같은 두 사람의 관계를 다음과 같이 정리했다.
'박태준 회장님이 안 계셨으면 오늘의 포스코가 있을 수 없고, 한홍기 선생님이 안 계셨으면 포스코가 오늘과 같은 명문 축구단을 보유할 수 없을 것이다. 포스코가 회사 창립과 함께 축구단을 창단한 것도 사실 박태준 회장님과 한홍기 선생님 사이의 교감으로 이뤄진 일이다.'
청암이 세상을 떠나고 2년 뒤인 2013년 5월 23일 포항스틸러스는 창단 40주년을 기념해 K리그 구단으로는 처음으로 자체적인 명예의 전당을 만들어 13명을 헌액했다.

K리그 최고 클럽만이 시도할 수 있는 자랑스러운 행사였다. 한홍기 창단 사령탑을 비롯해서 이회택, 최순호, 박경훈, 라데, 황선홍, 홍명보, 박해다, 김기동 같은 빛나는 이름을 뒤로 거느리고 가장 먼저 1호로 헌액된 이는 박태준 회장이었다. 구단은 또 창단 구단주의 축구에 대한 열정을 영원히 기억하기 위해서 스틸야드 동쪽 지역(E석)을 '청암존'으로 부르는 명명식도 함께 가졌다.

그로부터 다시 10년이 지났다. 2023년은 포항스틸러스 창단 50주년이자 한국프로축구 출범 40주년이 되는 해다. 한국프로축구연맹은 K리그 40주년을 기념해 'K리그 명예의 전당'을 처음으로 신설하고 역사적인 첫 헌액자를 결정했다. 헌액자는 선수, 지도자, 공헌자 부문으로 세분됐다. 필자는 'K리그 명예의 전당 선정위원회'의 위원장 자격으로 모든 회의를 주재하면서 전 과정을 지켜볼 수 있었다. 2023년 2월 6일에 열린 선정위원회 제2차 회의에서는 공헌자 부문의 첫 헌액자로 박태준 회장을 만장일치로 선정했다. 한국프로축구에 남긴 선각자로서의 업적에 대해서 모든 선정위원들이 흔쾌히 동의했다.

그를 한마디로 정의한다면 프로축구의 '최초'들을 만든 사람이라고 할 수 있다. 1980년 최초의 산학협동 유소년축구 자매결연, 1983년 최초의 외국인 선수 영입, 1988년 최초로 초중고 연령대별 축구팀 구축 완료, 1990년 최초의 축구전용구장 건립, 2001년 최초의 클럽하우스 건립, 2003년 최초로 성인 프로팀과 연계된 유소년 육성 시스템 완성 등을 들 수 있다. 그 가운데 첫 손에 꼽을 수 있는 업적이 유소년 육성 시스템이다. 포항이 2003년에 완성한 이 시스템은 이후 K리그의 전범이 됐다. 포항이 먼저 구축한 이후 울산, 전남 등 다른 구단들이 벤치마킹하면서 리그에 널리 퍼져나갔다. 이후 한국프로축구연맹은 2008년부터 모든 구단에 유소년 시스템을 의무화하기에 이르렀다.

포항은 아마추어 실업축구 시절부터 산학협력을 통해서 유소년 축구에 일찌감치 관심을 가졌다. 1980년 9월 2일 박태준 회장은 10개 시도의 10개 고교와 1개 대학, 경상북도내 초중고교 4개 학교 등 총 15개팀 관계자와 만나 자매결연을 맺었다. 이들 팀에게 당시로는 파격적인 훈련비와 용품이 지원됐다. 이후 1984년 포항제철중학교를 시작으로 1985년 포항제철공업고등학교, 1988년 포항제철동초등학교에 연이어 팀이 만들어지면서 국내

최초로 연령별대 축구팀이 구비됐다. 이동국, 신화용, 황진성, 오범석, 박원재, 이명주, 신진호, 신광훈, 김대호, 고무열 등 한국 축구를 대표하는 인재들이 화수분처럼 배출됐다. 2003년에는 포스코교육재단 산하 초중고 축구부가 포항스틸러스 클럽 소속으로 전환되면서 국내 프로축구 사상 최초로 성인 프로팀과 연계되는 장기적인 유소년 육성 시스템이 완성됐다.

포항의 레전드이자 유럽 유학 시절 경험을 바탕으로 유소년 시스템 도입을 처음으로 주장했던 최순호 감독은 박태준 회장의 도움이 결정적이었다고 증언한다.

"현역 은퇴뒤 프랑스로 유학을 갔는데, 잠시 귀국해 회장님께 인사를 드리러 가면 '거기는 어떻더냐'고 물으셨다. 그래서 '예, 유소년 육성 시스템이 되어 있습니다'라고 답하자 '우리도 그렇게 가야한다'고 말씀하셨다. 그러나 막상 한국에 돌아와서 포항에서 유스시스템을 도입하려고 하자 초중고 현장 지도자의 반발이 거셌다. 지금까지 각자의 영역에서 독자적으로 하는게 편하고 이득도 있었는데, 클럽 산하로 들어오는 것을 불편하게 여겼다. 2002년 말까지 현장의 반발이 워낙 커서 내가 상황을 돌파하기에는 역부족이었다. 당시 교육재단 산하 초중고 팀은 서로 따로 놀고 있는 상황이었다. 결국 고심 끝에 회장님께 'SOS'를 쳤다. 그리고 해결이 됐다. 회장님이 (상황을)정리정돈해 주신 거였다. 2003년부터 국내 최초로 포항에서 유소년 시스템이 도입될 수 있었던 것은 모두 회장님 덕분이었다."

최초의 외국인 선수 영입과 최초의 클럽하우스 건립도 박 회장이 아래로부터의 건의를 곧바로 수용했기에 가능했다. 포철은 수퍼리그 원년인 1983년에 원료공급사인 브라질 CVRD사와 맺은 스포츠교류 협정에 따라 세르지오와 호세 등 2명의 선수를 임대했다. 국내 구단들이 해외로 눈을 돌려 빼어난 외국인 선수들을 영입하는 계기가 됐다. 2000년 3월 착공해 2001년 1월 완공한 클럽하우스는 당시 80억 원의 공사비가 들어갔는데 2002년 월드컵을 대비해 대한축구협회 주도로 파주에 만들었던 국가대표 트레이닝센터(NFC)의 초창기 공사비가 90억 원이었던 것에 비교하면 클럽 수준으로 엄청난 규모였다는 것을 잘 알 수 있다.

인재를 가장 중요하게 여기는 박태준 회장의 경영철학은 축구단 운영에도 고스란히 투영됐다. 박 회장 시절에는 당대 최고 스타라면 항상 포항 유니폼을 입었다. 한국축구를 대표하는 스트라이커 계보 가운데 이회택, 최순호, 황선홍,

이동국 등 포항 출신이 유독 많은 것도 이 때문이다. 대표적인 사례가 1990년 이탈리아 월드컵에서 신예로 떠오른 홍명보와 황선홍의 스카우트 파동이었다. 두 선수를 한국축구의 미래로 점찍은 박 회장은 구단에 '스카우트 특명'을 내렸다. 당시는 신인 드래프트 제도가 시행중이어서 두 선수를 모두 포항으로 데려온다는 것은 거의 불가능한 상황이었지만 구단은 제도와 규정의 맹점을 파고들었다. 결국 포항은 상무에서 제대한 홍명보를 1992년 유공과 1대3 트레이드로 입단시켰고 1993년에는 황선홍을 신생팀 완산푸마와 전무후무한 1대8 트레이드로 영입하는데 성공했다. 이후 두 선수는 2002년 월드컵 4강 주역이 되는 등 선수와 지도자로 지난 30여년간 한국축구를 변함없이

이끌고 있다. 인재를 알아보는 박태준 회장의 탁월한 안목을 잘 보여준다.

박 회장이 생전에 가장 아꼈던 선수 가운데 한명인 최순호 수원FC 단장은 매우 흥미로운 가정을 내놓았다. "만일 회장님이 '정치적 유랑기(1992년 14대 대통령 선거 이후의 상황을 뜻함)'가 없었다면, 그래서 포철을 조금 더 연속성을 갖고 경영할 수 있었다면, 포항 축구단은 K리그를 얼마나 많이 바꿔놨을까하는 상상을 가끔 한다. 포항이 2003년 유소년 시스템을 먼저 도입하니 5년뒤 한국프로축구연맹이 이 제도를 리그 차원에서 의무화했다. 그런데 박 회장는 의 경영 단절기가 없었다면 포항에서 유소년 시스템을 도입하는 시기가 훨씬 앞당겨졌을 거다. 자연스럽게 다른 구단과 프로연맹이 좇아오는 시기도 더 빨라졌을 것이다. 그랬다면 아마 규모와 내용면에서 한국 프로축구는 지금과 많이 달라져 있을 가능성이 크다."

물론 역사에 가정은 없다. 박태준 회장이 더 건재했더라면 포항 구단이, K리그가 더 발전했을 것이라는 상상은 흥미롭다. 하지만 그보다 역사의 교훈을 통해 미래의 가치와 비전을 창출해 내는 것이 더 중요하다. 그가 남긴 위대한 유산을 더 기억하고, 계승하고, 발전시키는 것은 오롯이 당대 축구인들의 몫이다.

글 위원석(K리그 명예의 전당 선정위원회 위원장· 발롱도르 선정위원)

EPILOGUE
포스코와 스틸러스가 선도한 한국 축구…이제 일상과 세계를 잇는다

맨체스터는 인류 역사를 바꾼 산업혁명의 발상지다. 2000여년이 지난 지금, 맨체스터의 상징은 증기기관이 아니라 바로 축구다. 스페인 안에서 바르셀로나는 카탈루냐의 주도일지 몰라도 세계인에게는 FC바르셀로나가 있는 곳으로 인식된다. 독일의 뮌헨에는 세계적 자동차 브랜드 BMW 본사와 박물관이 있지만, 가장 먼저 떠오르는 단어는 바이에른뮌헨이다. 이런 맥락에서 포항스틸러스는 대한민국은 물론 아시아 전체에서 가장 아까운 브랜드일지 모른다.

지난 50년 동안 스틸러스는 대한민국 프로축구가 나아갈 방향을 제시해 왔다. 포항은 한국 경제 발전을 상징하는 이름이고, 스틸러스는 K리그에서 가장 재미있는 축구로 통한다. 그런데 50년 후에도 이런 이미지가 유효할까? 세상은 빨리 변한다. 포항과 스틸러스의 태동을 목격한 세대가 지나면 역사성의 유통기한은 만료될지 모른다. 마드리드에는 노벨연구소가 '인류 역사상 가장 위대한 책'으로 선정한 《돈키호테》의 동상이 있다. 하지만 마드리디스타(레알마드리드의 팬을 이르는 말)는 낯선 이에게 '레알마드리드'라는 단어 한 개만 툭 던지면 된다. 스틸러스라는 이름만으로 포항을 '이런 곳'이라고 설명할 수 있다면, 그보다 더 근사한 일은 없을 것이다. 창단 50주년을 맞이하는 지금, 포항스틸러스가 해야 할 일은 족보의 두께를 찬양하기보다 앞으로 어떤 챕터를 추가할지에 관한 장기적이고 진지한 고민이다. 다가올 반세기의 포항과 스틸러스는 어떤 모습이어야 할까?

빅클럽들은 공통적으로 네 가지를 지닌다. 오랜 역사에 담긴 수많은 이야기, 눈부신 트로피 진열대, 두터운 팬베이스, 그리고 경쟁력 있는 재정 상태다. 이런 조건을 갖추려면 시간, 돈, 실력이 있어야 한다. 가장 어려운 부분은 시간이다. 로마제국처럼 빅클럽도 하루 아침에 성립할 수 없다. 끊임없이 차곡차곡 시간이 쌓인 결과가 바로 역사다. 중국은 엄청난 자본을 앞세워 아시아 축구계의 큰손이 되었다. 하지만 슈퍼리그 구단들을 보면서 역사적 경외심을 느끼는 축구 팬은 없다. 진열대를 채우려고 해도 시간이 필요하고,

충성스러운 팬베이스를 구축하는 일도 오랜 세월이 전제된다. 돈으로 살 수 없는 부분이 존재하기에 빅클럽은 존경받는다. 스틸러스는 바로 이 부분을 갖췄다. K리그 구단 중 가장 오랜 역사를 지녔으며 1983년 프로축구리그 출범 이래 지금까지 대한민국 최상위 리그의 입지를 한 번도 놓친 적이 없는 구단이다. 스틸러스 50년사는 단순한 시간 채움의 반복도 아니었다. 오늘날 K리그의 모습은 스틸러스의 유산이라고 해도 과언이 아니다. 국내 최초의 축구전용 천연잔디 경기장을 비롯해 클럽하우스와 구단 산하 유소년 육성시스템까지 스틸러스가 국내 1호 타이틀을 보유한다. 1986년 한국프로축구대회 우승을 시작으로 2013시즌의 우승 드라마에 이르기까지 스틸러스는 K리그에서 통산 우승 5회를 기록했다. 국제 무대에서 성과는 더 빛난다. 아시아 최강 클럽을 가리는 AFC 챔피언스리그에서 스틸러스가 거둔 통산 3회 우승은 국내 최다, 아시아 2위에 각각 해당한다. 특히 2009년 우승은 중동과 중국 축구가 어마어마한 자금력을 앞세워 급부상했던 시기였기에 문자 그대로 한국 축구의 쾌거였다. 이런 축구 족보는 아시아 전체에서도 흔하지 않다.

그래서 스틸러스 브랜드가 너무 아깝다. 돈으로 살 수 없는 부분을 갖췄지만, 현재 재정 규모가 작아 레거시를 어필하지 못하기 때문이다. 스틸러스는 잉글랜드 프리미어리그의 애스턴빌라를 연상하게 한다. 빌라는 무려 149년 전에 창단한 구단이다. 홈경기장 빌라파크는 126년째 사용 중이다. 잉글랜드 1부 우승 7회, FA컵 우승 7회는 물론 유러피언컵(현 챔피언스리그) 우승 기록까지 있다. 하지만 현재 빌라의 역사는 자금력 부족으로 퇴색하고 있다. 빌라는 올드팬들에게나 인정받는 대표적 '왕년의 구단'으로서 오늘을 살아간다. 2022년 기준으로 스틸러스의 선수단 연봉 총액은 12개 구단 중 10번째로 적었다. 2부 우승을 차지했던 대전보다 적다. 이런 규모로는 국내외 타이틀에 도전할 체력을 갖출 수 없다. 2013년 이후 무관 세월이 10년째 이어지고 있다. 우승 트로피가 없는 구단은 선도적 위치에 설 수 없다. 그동안 스틸러스는 재정 규모를 뛰어넘는 호성적을 유지했다. 2021년에는 AFC 챔피언스리그 결승 무대에도 섰다. 결승전에서 포항은 사우디아라비아의 알힐랄에 패해 분루를 삼켰다. 알다시피 알힐랄은 크리스티아누 호날두에게 연봉 2,800억 원을 제시했을 정도로 막강한 자금력을 과시하는

구단이다. 이런 팀을 상대하는 것 자체가 스틸러스로서는 기울어진 운동장에서 뛰는 꼴이다. 2023시즌도 스틸러스는 초반부터 세련된 플레이스타일을 연출하면서 우승 경쟁권에서 달린다. 하위권에 머무르면 그러려니 할 수 있겠지만, 스틸러스는 신기할 정도로 호성적을 유지한다. 그래서 구단의 현재를 더 아깝게 한다. 언론과 팬은 이런 힘을 '저력'이라고 부른다. 50년사를 뒤돌아볼 때 스틸러스가 지금 발휘해야 할 것은 저력이 아니라 위력이다. 가진 게 이렇게 많은 구단이 오랜 세월 다져진 저력에 기대는 것은 역사의 낭비다. 2023년의 스틸러스는 마치 산해진미 식재료를 잔뜩 준비하고는 가스가 부족해 불을 때지 못하는 주방장처럼 보인다. 스틸러스는 역사, 전통, 문화를 이미 갖췄다. 성공 잠재력이 무궁무진하다는 뜻이다. 50년 역사에 걸맞은 재정 규모만 따라준다면 포항과 스틸러스는 국내는 물론 아시아 무대에서도 주목과 존경을 한몸에 받는 축구 브랜드가 될 수 있다. 지금 그런 기회가 매일 낭비되고 있는 셈이다. 스틸러스는 아시아 넘버원 브랜드가 될 잠재력을 보유했다. 역사도 있고 영광도 있다. 국내외 타이틀을 추가한다면 빅클럽으로서의 잠재력은 얼마든지 폭발할 수 있다.

프로스포츠팀의 브랜드 가치는 승리를 발판으로 형성되고, 복리의 마법처럼 승리는 더 큰 승리와 성공을 부른다. 전제 조건은 역시 재정 규모의 확대다. 외부 지원도 좋지만, 궁극적으로는 스틸러스가 자생하는 시스템을 습득해야 한다. 직설적으로 말하면 '포스코 축구부'가 아니라 '진짜 프로축구단'으로 거듭나야 한다는 뜻이다. 맨유와 맨시티, 레알마드리드, 바르셀로나 등은 본인들의 사업 역량만으로 매출 1조 원을 찍는다. 스틸러스가 전 세계 축구 시장을 지배하진 못하더라도 최소한 아시아 시장을 아우를 수는 있다. 아시아는 전 세계에서 가장 빠르게 성장하는 경제권역이다. 그곳에서 최고의 축구 브랜드가 된다면, 스틸러스와 포항 지역은 물론 국가적으로도 엄청난 공헌이 될 것이다.

가장 먼저 사업 전략 구상에서 지리적 경계선을 지우길 바란다. 예를 들어, 유소년 육성시스템이다. 스틸러스의 유소년 육성 거점이 포항에만 머물라는 법은 없다. 전국 혹은 아시아 단위로 확장하는 큰 그림을 그려도 괜찮다. 프로축구단의 교육적 기능은 사회 공헌은 물론 재능 발굴과 우수 선수 공급으로 이어지는 밸류체인으로 확장될 수 있다. 아시아 최고의 재능이 스틸러스 아카데미로 모이는 광경은 허무맹랑한 망상일까? 바르셀로나의 라마시아, 아약스의 더토콤스트, 레드불 그룹 산하 클럽들에서는 그런 일이 실제로 벌어지고 있다. 레드불 그룹 산하 구단들은 각 대륙 거점을 활용해 자체 인재 네트워크를 완성했다. 선수 이적시장에서 레드불 그룹은 사디오 마네, 다요트 우파메카노(이상 바이에른뮌헨), 마르셀 자비처(맨유) 등 전 세계 다양한 재능들을 이용해 부가가치를 창출하고 있다. 빅클럽을 꿈꾸는 남미 재능들은 유럽 축구의 '거상' 벤피카를 선택한다. 스틸러스가 아시아 축구의 거상이 될 수 없는 이유가 있다면 알려달라. 별로 없을 것이다.

2023년은 포항스틸러스의 50년사를 축복하는 동시에 새로운 50년을 위한 목표와 방향을 설정하는 원년이 되기를 바란다. 포항스틸러스가 아시아 축구에서 가장 유명한 구단, 아시아 최고의 유소년 육성 구단, 축구 이적시장에서 돈을 가장 잘 버는 구단, 축구 외 다양한 사업 확장으로 재정 규모가 가장 탄탄한 구단이 된다면, 그게 바로 최고의 축구적 공헌이다. 고 박태준 명예회장도 아시아 넘버원 구단이 되는 스틸러스를 보고 싶지 않을까?

글 **홍재민**

THE 50:
FROM DREAMERS TO ACHIEVERS

초판 1쇄 발행 2023년 5월 25일

기　획 | 신주현, 임정민
편　집 | 배진경, 조형애
디자인 | 황지영
사　진 | 포항스틸러스, FAphotos

펴낸이 | 이완복
펴낸곳 | FAphotos
출판등록 | 제2022-000084호
주　소 | 서울특별시 종로구 사직로 96, 905호

ISBN 979-11-983217-9-4(03690)

Copyright ©FAphotos, 2023